www.ingramcontent.com/pod-product-compliance
Lightning Source LLC
LaVergne TN
LVHW010329070526
838199LV00065B/5693
9789369081868

تفسیرِ محمود

(جز عم، النباء تا الناس)

مفتی محمود

ترجمہ قرآن: احمد علی لاہوری

مرتبہ: اعجاز جبید

© Taemeer Publications LLC

Tafseer Juz Amm ***(An-Naba Ta An-Nas)***
by: Mufti Mahmood
Edition: May '2025
Publisher :
Taemeer Publications LLC (Michigan, USA / Hyderabad, India)

ISBN 978-93-6908-186-8

مصنف یا ناشر کی پیشگی اجازت کے بغیر اس کتاب کا کوئی بھی حصہ کسی بھی شکل میں بشمول ویب سائٹ پر اَپ لوڈنگ کے لیے استعمال نہ کیا جائے۔ نیز اس کتاب پر کسی بھی قسم کے تنازع کو نمٹانے کا اختیار صرف حیدرآباد (تلنگانہ) کی عدلیہ کو ہوگا۔

© تعمیر پبلی کیشنز

کتاب	:	**تفسیر جز عم (النباء تا الناس)**
مصنف	:	**مفتی محمود**
تدوین / ترتیب	:	اعجاز عبید
صنف	:	مذہب
ناشر	:	تعمیر پبلی کیشنز (حیدرآباد، انڈیا)
سالِ اشاعت	:	۲۰۲۵ء
صفحات	:	۱۶۸
سرورق ڈیزائن	:	تعمیر ویب ڈیزائن

فہرست

۷۸۔ سورۃ النبأ 5

۷۹۔ سورۃ النازعات 11

۸۰۔ سورۃ عَبَس 17

۸۱۔ سورۃ التکویر 23

۸۲۔ سورۃ الاِنفطار 29

۸۳۔ سورۃ المطففین 33

۸۴۔ سورۃ الاِنشقاق 39

1

٨٥ ـ سورة البروج	43
٨٦ ـ سورة الطارق	52
٨٧ ـ سورة الأعلى	55
٨٨ ـ سورة الغاشية	58
٨٩ ـ سورة الفجر	65
٩٠ ـ سورة البلد	74
٩١ ـ سورة الشمس	78
٩٢ ـ سورة الليل	82
٩٣ ـ سورة الضحى	86
٩٤ ـ سورة الشرح	91
٩٥ ـ سورة التين	94
٩٦ ـ سورة العلق	98
٩٧ ـ سورة القدر	104
٩٨ ـ سورة البينة	107

99- سورة الزلزلة	110
100- سورة العاديات	113
101- سورة القارعة	116
102- سورة التكاثر	119
103- سورة العصر	124
104- سورة الهمزة	127
105- سورة الفيل	130
106- سورة قريش	135
107- سورة الماعون	138
108- سورة الكوثر	141
109- سورة الكافرون	144
110- سورة النصر	147
111- سورة المسد	150
112- سورة الإخلاص	154

١١٣ـ سورة الفلق 156

١١٤ـ سورة الناس 159

۷۸۔ سورۃ النباء

سورۃ مرسلات سے ربط

سورۃ مرسلات میں قیامت کے دن کو یوم الفصل کہا گیا۔ یہاں بھی فرمایا ان یوم الفصل کان میقاتا ۔ وہاں فرمایاو اذ السماء فرجت۔ یہاں فرمایا وفتحت السماء فکانت ابو ابا ۔ وہاں فرمایا الم نجعل الارض کفاتا ۔ یہاں فرمایا۔ الم نجعل الارض مہادا۔ والجبال اوتادا۔ وہاں فرمایا لا ینطقون۔ یہاں فرمایا لا یملکون منہ خطابا ۔ الغرض ان دونوں سورتوں کے مضامین اس قدر مشابہ اور مشترک ہیں کہ سورۃ نباء سورۃ مرسلات کا تتمہ معلوم ہوتی ہے۔ واللہ اعلم۔

بِسْمِ اللّٰہِ الرَّحْمٰنِ الرَّحِیمِ

عَمَّ يَتَسَاءلُونَ ﴿١﴾ عَنِ النَّبَإِ الْعَظِيمِ ﴿٢﴾ الَّذِي هُمْ فِيهِ مُخْتَلِفُونَ
﴿٣﴾ كَلاَّ سَيَعْلَمُونَ ﴿٤﴾ ثُمَّ كَلاَّ سَيَعْلَمُونَ ﴿٥﴾ أَلَمْ نَجْعَلِ
الْأَرْضَ مِهَادًا ﴿٦﴾ وَالْجِبَالَ أَوْتَادًا ﴿٧﴾ وَخَلَقْنَاكُمْ أَزْوَاجًا ﴿٨﴾
وَجَعَلْنَا نَوْمَكُمْ سُبَاتًا ﴿٩﴾ وَجَعَلْنَا اللَّيْلَ لِبَاسًا ﴿١٠﴾ وَجَعَلْنَا
النَّهَارَ مَعَاشًا ﴿١١﴾ وَبَنَيْنَا فَوْقَكُمْ سَبْعًا شِدَادًا ﴿١٢﴾ وَجَعَلْنَا
سِرَاجًا وَهاجًا ﴿١٣﴾ وَأَنزَلْنَا مِنَ الْمُعْصِرَاتِ مَاء ثَجَّاجًا ﴿١٤﴾
لِنُخْرِجَ بِهِ حَبًّا وَنَبَاتًا ﴿١٥﴾ وَجَنَّاتٍ أَلْفَافًا ﴿١٦﴾ إِنَّ يَوْمَ الْفَصْلِ
كَانَ مِيقَاتًا ﴿١٧﴾ يَوْمَ يُنفَخُ فِي الصُّورِ فَتَأْتُونَ أَفْوَاجًا ﴿١٨﴾
وَفُتِحَتِ السَّمَاء فَكَانَتْ أَبْوَابًا ﴿١٩﴾ وَسُيِّرَتِ الْجِبَالُ فَكَانَتْ سَرَابًا
﴿٢٠﴾ إِنَّ جَهَنَّمَ كَانَتْ مِرْصَادًا ﴿٢١﴾ لِلْطَّاغِينَ مَآبًا ﴿٢٢﴾
لاَبِثِينَ فِيهَا أَحْقَابًا ﴿٢٣﴾ لاَ يَذُوقُونَ فِيهَا بَرْدًا وَلاَ شَرَابًا ﴿٢٤﴾
إِلاَّ حَمِيمًا وَغَسَّاقًا ﴿٢٥﴾ جَزَاء وِفَاقًا ﴿٢٦﴾ إِنَّهُمْ كَانُوا لاَ يَرْجُونَ
حِسَابًا ﴿٢٧﴾ وَكَذَّبُوا بِآيَاتِنَا كِذَّابًا ﴿٢٨﴾ وَكُلَّ شَيْءٍ أَحْصَيْنَاه

كِتَابًا ﴿٢٩﴾ فَذُوقُوا فَلَن نَّزِيدَكُمْ إِلاَ عَذَابًا ﴿٣٠﴾ إِنَّ لِلْمُتَّقِينَ مَفَازًا
﴿٣١﴾ حَدَائِقَ وَأَعْنَابًا ﴿٣٢﴾ وَكَوَاعِبَ أَتْرَابًا ﴿٣٣﴾ وَكَأْسًا
دِهَاقًا ﴿٣٤﴾ لاَ يَسْمَعُونَ فِيهَا لَغْوًا وَلاَ كِذَّابًا ﴿٣٥﴾ جَزَاءً مِّن
رَّبِّكَ عَطَاءً حِسَابًا ﴿٣٦﴾ رَبِّ السَّمَاوَاتِ وَالْأَرْضِ وَمَا بَيْنَهُمَا
الرَّحْمَنِ لاَ يَمْلِكُونَ مِنْهُ خِطَابًا ﴿٣٧﴾ يَوْمَ يَقُومُ الرُّوحُ وَالْمَلاَئِكَةُ
صَفًّا لاَ يَتَكَلَّمُونَ إِلاَ مَنْ أَذِنَ لَهُ الرَّحْمَنُ وَقَالَ صَوَابًا ﴿٣٨﴾ ذَلِكَ
الْيَوْمُ الْحَقُّ فَمَن شَاءَ اتَّخَذَ إِلَى رَبِّهِ مَآبًا ﴿٣٩﴾ إِنَّا أَنذَرْنَاكُمْ عَذَابًا
قَرِيبًا يَوْمَ يَنظُرُ الْمَرْءُ مَا قَدَّمَتْ يَدَاهُ وَيَقُولُ الْكَافِرُ يَا لَيْتَنِي كُنتُ
تُرَابًا ﴿٤٠﴾

ترجمہ:

شروع اللہ کے نام سے جو بڑا مہربان نہایت رحم والا ہے۔

۱. کس چیز کی بابت وہ آپس میں سوال کرتے ہیں۔ ۲. اس بڑی خبر کے متعلق۔ ۳. جس میں وہ اختلاف کر رہے ہیں۔ ۴. ہرگز ایسا نہیں عنقریب وہ جان لیں گے۔ ۵. پھر ہرگز ایسا نہیں عنقریب وہ جان لیں گے۔ ۶. کیا ہم نے زمین کو فرش نہیں بنایا۔ ۷. اور پہاڑوں کو میخیں۔ ۸. اور ہم نے تمہیں جوڑے جوڑے پیدا کیا۔ ۹. اور تمہاری نیند کو راحت کا باعث بنایا۔ ۱۰. اور رات کو پردہ پوش بنایا۔ ۱۱. اور دن کو روزی کمانے کے لیے بنایا۔ ۱۲. اور ہم نے تمہارے اوپر سات سخت (آسمان) بنائے۔ ۱۳. اور ایک جگمگاتا ہوا چراغ بنایا۔ ۱۴. اور ہم نے بادلوں سے زور کا پانی اتارا۔ ۱۵. تاکہ ہم اس سے اناج اور گھاس اگائیں۔ ۱۶. اور گھنے باغ اگائیں۔ ۱۷. بے شک فیصلہ کا دن معین ہو چکا ہے۔ ۱۸. جس دن صور میں پھونکا جائے گا پھر تم گروہ در گروہ چلے آؤ گے۔ ۱۹. اور آسمان کھولا جائے گا تو (اس میں) دروازے ہو جائیں گے۔ ۲۰. اور پہاڑ اڑائے جائیں گے توریت ہو جائیں گے۔ ۲۱. بے شک دوزخ گھات میں لگی ہے۔ ۲۲. سرکشوں کے لیے ٹھکانہ ہے۔ ۲۳. کہ وہ اس میں ہمیشہ پڑے رہیں گے۔ ۲۴. نہ وہاں کسی ٹھنڈک کا مزہ چکھیں گے اور نہ کسی پینے کی چیز کا۔ ۲۵. مگر گرم پانی اور بہتی پیپ۔ ۲۶. پورا پورا بدلہ ملے گا۔ ۲۷. بے شک وہ حساب کی امید نہ رکھتے تھے۔ ۲۸. اور ہماری آیتوں کو بہت جھٹلایا کرتے تھے۔ ۲۹. اور ہم نے ہر چیز کو کتاب میں شمار کر رکھا ہے۔ ۳۰. پس چکھو سو ہم تمہارے لیے عذاب ہی زیادہ کرتے رہیں گے۔

۳۱. بے شک پرہیزگاروں کے لیے کامیابی ہے۔ ۳۲. باغ اور انگور۔ ۳۳. اور نوجوان ہم عمر عورتیں۔ ۳۴. اور پیالے چھلکتے ہوئے۔ ۳۵. نہ وہاں بیہودہ باتیں سنیں گے اور نہ جھوٹ۔ ۳۶. آپ کے رب کی طرف سے حسب اعمال بدلہ عطا ہوگا۔ ۳۷. جو آسمانوں اور زمین کا رب ہے اور جو کچھ ان کے درمیان ہے بڑا مہربان کہ وہ اس سے بات نہیں کر سکیں گے۔ ۳۸. جس دن جبرائیل اور سب فرشتے صف باندھ کر کھڑے ہوں گے کوئی نہیں بولے گا مگر وہ جس کو رحمٰن اجازت دے گا اور وہ بات ٹھیک کہے گا۔ ۳۹. یہ یقینی دن ہے پس جو چاہے اپنے رب کے پاس ٹھکانا بنا لے۔ ۴۰. بے شک ہم نے تمہیں ایک عنقریب آنے والے عذاب سے ڈرایا ہے جس دن آدمی دیکھے گا جو کچھ اس کے ہاتھوں نے آگے بھیجا تھا اور کافر کہے گا اے کاش میں مٹی ہو گیا ہوتا۔

عَمَّ يَتَسَاءَلُونَ:

مشرکین مکہ اور بعض دیگر لوگ منکرین قیامت تھے۔ وہ ازراہ مذاق ایک دوسرے سے پوچھتے تھے کہ وہ قیامت کب آئے گی؟ وہ قیامت جلدی کیوں نہیں آتی؟ پھر اس میں بھی رجماً بالغیب اختلاف کرتے تھے۔ کوئی کہتا کہ جسم اور روح دونوں اٹھیں گے۔ کوئی کہتا کہ جزا و سزا کا تعلق صرف ارواح سے ہوگا، نہ کہ اجسام سے۔ وقوع قیامت

کے متعلق دو گروہ ہو گئے۔ بعض مان گئے اور بعض نے انکار کر دیا۔ آگے اس سورت میں قدرت کے دلائل ظاہرہ و باہرہ بیان کرنے کے بعد جنت و جہنم کا تفصیلی تذکرہ کیا گیا۔

یَوۡمَ یَقُوۡمُ الرُّوۡحُ:

یہاں روح سے کیا مراد ہے؟ اس میں حضرات مفسرین کے مختلف اقوال ہیں۔

١۔ انسانی ارواح مراد ہیں۔

٢۔ انسان مراد ہیں۔

٣۔ روح سے مراد اللہ تعالیٰ کی کوئی ایسی مخلوق ہے جو کھاتی پیتی ہے لیکن نہ انسان ہیں اور نہ فرشتے۔

٤۔ روح سے مراد حضرت جبریلؑ ہیں۔

۵۔ روح سے مراد قرآن کریم ہے جیسا کہ ارشاد ہے
واذ اوحینا الیک روحا من امرنا۔

بہرحال مراد جو بھی ہو لیکن اس سے قیامت کے دن کی شدت و ہولناکی معلوم ہوتی ہے۔ واللہ اعلم۔

***

۷۹۔ سورۃ النازعات

سورۃ نازعات کے شروع میں بعض دوسری سورتوں کی طرح قسمیں کھائی گئی ہیں۔ پانچ سورتوں کے شروع میں متعدد قسمیں کھائی گئی ہیں۔ سورۃ الصافات، سورۃ الذاریات۔ سورۃ المرسلات۔ سورۃ النازعات۔ سورۃ العادیات۔ سورۃ صافات میں مقسم بہ کی تین صفات مذکور ہیں۔ سورۃ الذاریات میں چار صفات مذکور ہیں اور سورۃ المرسلات میں پانچ صفات اور سورۃ النازعات میں بھی پانچ اور سورۃ العادیات میں پانچ صفات مذکور ہیں۔ آگے سورۃ النازعات میں وہی مضامین ذرا دوسرے انداز میں بیان فرمائے گئے ہیں جو سورۃ نباء میں بیان ہوئے تھے۔ یعنی آسمان و زمین جیسے قدرت کے بڑے بڑے شاہکاروں کی تخلیق۔ پھر آگے اہل جنت اور اہل جہنم اور قیامت کا بیان ہے۔

بِسْمِ اللّٰہِ الرَّحْمٰنِ الرَّحِیْمِ

وَالنَّازِعَاتِ غَرْقًا ﴿١﴾ وَالنَّاشِطَاتِ نَشْطًا ﴿٢﴾ وَالسَّابِحَاتِ سَبْحًا
﴿٣﴾ فَالسَّابِقَاتِ سَبْقًا ﴿٤﴾ فَالْمُدَبِّرَاتِ أَمْرًا ﴿٥﴾ يَوْمَ تَرْجُفُ
الرَّاجِفَة ﴿٦﴾ تَتْبَعُها الرَّادِفَة ﴿٧﴾ قُلُوبٌ يَوْمَئِذٍ وَاجِفَة ﴿٨﴾
أَبْصَارُها خَاشِعَة ﴿٩﴾ يَقُولُونَ أَئِنَّا لَمَرْدُودُونَ فِي الْحَافِرَة ﴿١٠﴾
أَئِذَا كُنَّا عِظَامًا نَّخِرَة ﴿١١﴾ قَالُوا تِلْكَ إِذًا كَرَّة خَاسِرَة ﴿١٢﴾ فَإِنَّمَا
هِيَ زَجْرَة وَاحِدَة ﴿١٣﴾ فَإِذَا هم بِالسَّاهِرَة ﴿١٤﴾ هلْ أَتَاكَ
حَدِيثُ مُوسَى ﴿١٥﴾ إِذْ نَادَاه رَبُّه بِالْوَادِ الْمُقَدَّسِ طُوًى ﴿١٦﴾
اذْهبْ إِلَى فِرْعَوْنَ إِنَّه طَغَى ﴿١٧﴾ فَقُلْ هل لَّكَ إِلَى أَن تَزَكَّى
﴿١٨﴾ وَأَهدِيَكَ إِلَى رَبِّكَ فَتَخْشَى ﴿١٩﴾ فَأَرَاه الْآيَة الْكُبْرَى
﴿٢٠﴾ فَكَذَّبَ وَعَصَى ﴿٢١﴾ ثُمَّ أَدْبَرَ يَسْعَى ﴿٢٢﴾ فَحَشَرَ
فَنَادَى ﴿٢٣﴾ فَقَالَ أَنَا رَبُّكُمُ الْأَعْلَى ﴿٢٤﴾ فَأَخَذَه اللَّه نَكَالَ الْآخِرَة
وَالْأُولَى ﴿٢٥﴾ إِنَّ فِي ذَلِكَ لَعِبْرَة لِّمَن يَخْشَى ﴿٢٦﴾ أَأَنتُمْ أَشَدُّ
خَلْقًا أَمِ السَّمَاء بَنَاها ﴿٢٧﴾ رَفَعَ سَمْكَها فَسَوَّاها ﴿٢٨﴾ وَأَغْطَشَ
لَيْلَها وَأَخْرَجَ ضُحَاها ﴿٢٩﴾ وَالْأَرْضَ بَعْدَ ذَلِكَ دَحَاها ﴿٣٠﴾
أَخْرَجَ مِنْها مَاءها وَمَرْعَاها ﴿٣١﴾ وَالْجِبَالَ أَرْسَاها ﴿٣٢﴾ مَتَاعًا
لَّكُمْ وَلِأَنْعَامِكُمْ ﴿٣٣﴾ فَإِذَا جَاءتِ الطَّامَّة الْكُبْرَى ﴿٣٤﴾ يَوْمَ

يَتَذَكَّرُ الْإِنسَانُ مَا سَعَى ﴿٣٥﴾ وَبُرِّزَتِ الْجَحِيمُ لِمَن يَرَى ﴿٣٦﴾
فَأَمَّا مَن طَغَى ﴿٣٧﴾ وَآثَرَ الْحَيَاةَ الدُّنْيَا ﴿٣٨﴾ فَإِنَّ الْجَحِيمَ هِيَ
الْمَأْوَى ﴿٣٩﴾ وَأَمَّا مَنْ خَافَ مَقَامَ رَبِّهِ وَنَهَى النَّفْسَ عَنِ الْهَوَى
﴿٤٠﴾ فَإِنَّ الْجَنَّةَ هِيَ الْمَأْوَى ﴿٤١﴾ يَسْأَلُونَكَ عَنِ السَّاعَةِ أَيَّانَ
مُرْسَاهَا ﴿٤٢﴾ فِيمَ أَنتَ مِن ذِكْرَاهَا ﴿٤٣﴾ إِلَى رَبِّكَ مُنتَهَاهَا
﴿٤٤﴾ إِنَّمَا أَنتَ مُنذِرُ مَن يَخْشَاهَا ﴿٤٥﴾ كَأَنَّهُمْ يَوْمَ يَرَوْنَهَا لَمْ
يَلْبَثُوا إِلاَّ عَشِيَّةً أَوْ ضُحَاهَا ﴿٤٦﴾

ترجمہ:

شروع اللہ کے نام سے جو بڑا مہربان نہایت رحم والا ہے۔

١. جوڑوں میں گھس کر نکالنے والوں کی قسم ہے۔ ٢. اور بند کھولنے والوں کی۔ ٣. اور تیزی سے تیرنے والوں کی۔ ۴. پھر دوڑ کر آگے بڑھ جانے والوں کی۔ ۵. پھر ہر امر کی تدبیر کرنے والوں کی۔ ٦. جس دن کانپنے والی کانپے گی۔ ۷. اس کے پیچھے آنے والی پیچھے آئے گی۔ ٨. کئی دل اس دن دھڑک رہے ہوں گے۔ ٩. ان کی آنکھیں جھکی ہوئی

ہوں گی۔ ۱۰. وہ کہتے ہیں کیا ہم پہلی حالت میں لوٹائے جائیں گے۔ ۱۱. کیا جب ہم بوسیدہ ہڈیاں ہو جائیں گے۔ ۱۲. کہتے ہیں کہ یہ تو اس وقت خسارہ کا لوٹنا ہو گا۔ ۱۳. پھر وہ واقعہ صرف ایک ہی ہیبت ناک آواز ہے۔ ۱۴. پس وہ اسی وقت میدان میں آ موجود ہوں گے۔ ۱۵. کیا آپ کو موسیٰ کا حال معلوم ہوا ہے۔ ۱۶. جب کہ مقدس وادی طویٰ میں اس کے رب نے اسے پکارا۔ ۱۷. فرعون کے پاس جاؤ کیونکہ اس نے سرکشی کی ہے۔ ۱۸. پس کہو کیا تیری خواہش ہے کہ تو پاک ہو۔ ۱۹. اور میں تجھے تیرے رب کی طرف راہ بتاؤں کہ تو ڈرے۔ ۲۰. پس اس نے اس کو بڑی نشانی دکھائی۔ ۲۱. تو اس نے جھٹلایا اور نافرمانی کی۔ ۲۲. پھر کو شش کرتا ہوا واپس لوٹا۔ ۲۳. پھر اس نے سب کو جمع کیا پھر پکارا۔ ۲۴. پھر کہا کہ میں تمہارا سب سے برتر رب ہوں۔ ۲۵. پھر اللہ نے اس کو آخرت اور دنیا کے عذاب میں پکڑ لیا۔ ۲۶. بے شک اس میں اس کے لیے عبرت ہے جو ڈرتا ہے۔ ۲۷. کیا تمہارا بنانا بڑی بات ہے یا آسمان کا جس کو ہم نے بنایا ہے۔ ۲۸. اسکی چھت بلند کی پھر اس کو سنوارا۔ ۲۹. اور اس کی رات اندھیری کی اور اس کے دن کو ظاہر کیا۔ ۳۰. اور اس کے بعد زمین کو بچھا دیا۔ ۳۱. اس سے اس کا پانی اور اس کا چارا نکالا۔ ۳۲. اور پہاڑوں کو خوب جما دیا۔ ۳۳. تمہارے لیے اور تمہارے چار پایوں کے لیے سامان حیات ہے۔ ۳۴. پس جب وہ بڑا حادثہ آئے گا۔ ۳۵. جس دن انسان اپنے کیے کو یاد کرے گا۔ ۳۶. اور ہر دیکھنے والے کے لیے دوزخ

سامنے لائی جائے گی۔ ۳۷. سو جس نے سر کشی کی۔ ۳۸. اور دنیا کی زندگی کو ترجیح دی۔ ۳۹. سو بے شک اس کا ٹھکانا دوزخ ہی ہے۔ ۴۰. اور لیکن جو اپنے رب کے سامنے کھڑا ہونے سے ڈرتا رہا اور اس نے اپنے نفس کو بری خواہش سے روکا۔ ۴۱. سو بے شک اس کا ٹھکانا بہشت ہی ہے۔ ۴۲. آپ سے قیامت کی بابت پوچھتے ہیں کہ اس کا قیام کب ہوگا۔ ۴۳. آپ کو اس کے ذکر سے کیا واسطہ۔ ۴۴. اس کے علم کی انتہا آپ کے رب ہی کی طرف ہے۔ ۴۵. بے شک آپ تو صرف اس کو ڈرانے والے ہیں جو اس سے ڈرتا ہے۔ ۴۶.. جس دن اسے دیکھ لیں گے (تو یہی سمجھیں گے کہ دنیا میں) گویا ہم ایک شام یا اس کی صبح تک ٹھیرے تھے۔

يَوۡمَ تَرۡجُفُ الرَّاجِفَةُ تَتۡبَعُهَا الرَّادِفَةُ:

حضرت ابن عباس فرماتے ہیں کہ پہلی آیت میں نفخہ اولی اور دوسری آیت میں نفخہ ثانیہ مراد ہے۔

عِظَامًا نَّخِرَةً:

دوسری قراءۃ میں ناخرۃ ہے۔ اس میں مشرکین مکہ کے استبعاد کا بیان ہے کہ وہ قیامت کے دن دوبارہ زندگی اور حشر و نشر کو نہایت ہی بعید خیال کرتے تھے۔

قَالَ اَنَا رَبُّكُمُ الۡاَعۡلٰى:

فرعون نے ابتدائی طور پر یہ کہا تھا کہ ما علمت لکم من الہ غیری۔ اس کے چالیس سال بعد ربوبیت کا دعوی کر دیا حضرت ابن عباس سے ایسا ہی منقول ہے۔

یَسْـَٔلُونَکَ عَنِ السَّاعَةِ الخ:

اب تو قیامت کے دن کو دیکھنے کے لیے جلدی کرتے ہیں اور آپ سے پوچھتے ہیں کہ قیامت کب آئے گی لیکن جب یہ لوگ اپنی قبروں اور مدفنوں سے اٹھائے جائیں گے تو یہ دنیا کی زندگی کو نہایت ہی قلیل و مختصر خیال کریں گے۔ عشیۃ سے مراد ظہر اور عصر کا درمیانی وقت ہے اور ضحی سے مراد طلوع آفتاب سے لے کر نصف النہار تک وقت ہے۔ بہر حال آپ کے ذمہ وقت کے تعین کی ضرورت نہیں ہے۔ کہ کب آئے گی البتہ اس بات کو یقینی بنانے کی ضرورت ہے کہ قیامت آئے گی۔

***

۸۰۔ سورۃ عَبَس

شان نزول : حضرت ابن عباسؓ فرماتے ہیں کہ ایک دن نبی کریم ﷺ عتبہ بن ربیعہ، ابو جہل اور حضرت عباسؓ تینوں کو بٹھا کر انہیں کو دین اسلام کی دعوت دے رہے تھے اور دین متین کی حقانیت سمجھا رہے تھے۔ اتنے میں حضرت عبداللہ ابن ام مکتوم آ گئے۔ یہ نابینا صحابی تھے۔ انہوں نے حضور ﷺ سے ایک آیت کے الفاظ یا مفہوم سے متعلق پوچھا کہ حضور، اللہ نے جو علم آپ کو دیا ہے۔ اس میں سے مجھ کو سکھا دیجیے۔ اثنائے کلام میں حضرت عبداللہ کی یہ مداخلت اللہ کے رسول کو ناگوار گزری اور آپ کے چہرہ انور پر ناراضی کے آثار صاف نظر آنے لگے۔ حضور برابر عظمائے قریش کی طرف متوجہ رہے اور ان سے گفتگو فرماتے رہے تھے۔ یہاں تک کہ جب وہ مجلس ختم ہو گئی اور آپ گھر تشریف لے جانے لگے تو اللہ تعالیٰ نے سورۃ عبس نازل فرما دی اور آپ کو بتلا دیا کہ یہی شخص حقیقت میں پاک ہونے والا اور

گناہوں سے بچنے والا ہے۔ آپ کو اس کی طرف توجہ کرنا چاہیے تھی اور جس لمحہ یہ آپ سے حصول علم کے خواست گار تھے۔ اسی وقت ان کو فیض نبوت سے مستفید ہونے کا موقع ملنا چاہیے تھا۔ (ابن کثیر)۔

نبی کریم ﷺ کی شان عدل و انصاف کسی پر مخفی نہیں۔ گھر کے اندر اور گھر سے باہر، پھر مسلمان ہوں یا غیر مسلم، آزاد ہوں یا قیدی جیسے اسیران بدر، بلکہ ذرا آگے بڑھ کر جانوروں نے بھی آپ سے مالک کی ظالمانہ روش کی شکایت کی تو آپ نے وہاں بھی انصاف و عدل کی وہ مثالیں قائم فرمائیں جو اپنی مثال آپ اور رہتی دنیا تک یادگار رہیں گی۔ اس خاص واقعہ میں رحمت للعالمین ﷺ کے قلب مبارک میں یہ بات تھی کہ میں اس وقت روسائے مکہ سے محو گفتگو ہوں ان لوگوں کے ایمان لے آنے سے سینکڑوں انسانوں میں تبدیلی یا کم از کم ان کے شر سے بچنے کا قوی امکان ہے۔ رہی بات حضرت عبداللہ کی تو یہ قدیم مسلمان ہیں۔ اگر اس وقت ان کی نہ سنی گئی تو کیا ہوا پھر کسی وقت سنی جا سکتی ہے۔ ان کی بات قدرے تاخیر سے سنی گئی تو بھی کچھ حرج نہیں، البتہ روسائے قریش سے جاری گفتگو کا تسلسل ٹوٹ گیا تو یہ لوگ پھر ہاتھ نہیں آئیں گے۔

حضرت عبداللہ جو باوجود نابینا ہونے کے سچے طالب اور اخلاص کی دولت سے مالا مال تھے۔ ان کے متعلق اللہ تعالیٰ نے اپنے محبوب سے فرمایا کہ آپ کو اس کی طرف

متوجہ ہونا چاہیے تھا۔ یہ طالب صادق تھا اور روسائے قریش کو نصیحت آپ فرما ہی چکے ہیں، بلکہ آپ نے دعوت و تبلیغ کا حق ادا فرمایا ہے۔ اب اگر کوئی قریب آتا ہے اور دین کو اپنا تا ہے تو اس کا بھلا ہو گا اور خدا نہ خواستہ اگر اپنے مغرورانہ و متکبرانہ روش پر قائم رہتے ہیں تو خسر الدنیا والاخرة کا مصداق بنیں گے۔ اس واقعہ کے بعد حضور ﷺ حضرت ابن ام مکتوم کی بہت قدر فرماتے تھے۔

بِسْمِ اللَّهِ الرَّحْمَنِ الرَّحِيمِ

عَبَسَ وَتَوَلَّى ﴿١﴾ أَن جَاءهُ الْأَعْمَى ﴿٢﴾ وَمَا يُدْرِيكَ لَعَلَّهُ يَزَّكَّى
﴿٣﴾ أَوْ يَذَّكَّرُ فَتَنفَعَهُ الذِّكْرَى ﴿٤﴾ أَمَّا مَنِ اسْتَغْنَى ﴿٥﴾ فَأَنتَ
لَهُ تَصَدَّى ﴿٦﴾ وَمَا عَلَيْكَ أَلَّا يَزَّكَّى ﴿٧﴾ وَأَمَّا مَن جَاءكَ يَسْعَى
﴿٨﴾ وَهُوَ يَخْشَى ﴿٩﴾ فَأَنتَ عَنْهُ تَلَهَّى ﴿١٠﴾ كَلَّا إِنَّهَا تَذْكِرَةٌ
﴿١١﴾ فَمَن شَاء ذَكَرَهُ ﴿١٢﴾ فِي صُحُفٍ مُّكَرَّمَةٍ ﴿١٣﴾ مَّرْفُوعَةٍ
مُّطَهَّرَةٍ ﴿١٤﴾ بِأَيْدِي سَفَرَةٍ ﴿١٥﴾ كِرَامٍ بَرَرَةٍ ﴿١٦﴾ قُتِلَ
الْإِنسَانُ مَا أَكْفَرَهُ ﴿١٧﴾ مِنْ أَيِّ شَيْءٍ خَلَقَهُ ﴿١٨﴾ مِن نُّطْفَةٍ
خَلَقَهُ فَقَدَّرَهُ ﴿١٩﴾ ثُمَّ السَّبِيلَ يَسَّرَهُ ﴿٢٠﴾ ثُمَّ أَمَاتَهُ فَأَقْبَرَهُ
﴿٢١﴾ ثُمَّ إِذَا شَاء أَنشَرَهُ ﴿٢٢﴾ كَلَّا لَمَّا يَقْضِ مَا أَمَرَهُ ﴿٢٣﴾

فَلْيَنظُرِ الْإِنسَانُ إِلَى طَعَامِهِ ﴿٢٤﴾ أَنَّا صَبَبْنَا الْمَاء صَبًّا ﴿٢٥﴾ ثُمَّ
شَقَقْنَا الْأَرْضَ شَقًّا ﴿٢٦﴾ فَأَنبَتْنَا فِيهَا حَبًّا ﴿٢٧﴾ وَعِنَبًا وَقَضْبًا
﴿٢٨﴾ وَزَيْتُونًا وَنَخْلًا ﴿٢٩﴾ وَحَدَائِقَ غُلْبًا ﴿٣٠﴾ وَفَاكِهَة وَأَبًّا
﴿٣١﴾ مَّتَاعًا لَّكُمْ وَلِأَنْعَامِكُمْ ﴿٣٢﴾ فَإِذَا جَاءتِ الصَّاخَّة ﴿٣٣﴾
يَوْمَ يَفِرُّ الْمَرْءُ مِنْ أَخِيه ﴿٣٤﴾ وَأُمِّه وَأَبِيه ﴿٣٥﴾ وَصَاحِبَتِه وَبَنِيه
﴿٣٦﴾ لِكُلِّ امْرِئٍ مِّنْهُمْ يَوْمَئِذٍ شَأْنٌ يُغْنِيه ﴿٣٧﴾ وُجُوه يَوْمَئِذٍ
مُّسْفِرَة ﴿٣٨﴾ ضَاحِكَة مُّسْتَبْشِرَة ﴿٣٩﴾ وَوُجُوه يَوْمَئِذٍ عَلَيْهَا غَبَرَة
﴿٤٠﴾ تَرْهَقُهَا قَتَرَة ﴿٤١﴾ أُوْلَئِكَ هُمُ الْكَفَرَة الْفَجَرَة ﴿٤٢﴾

ترجمہ:

شروع اللہ کے نام سے جو بڑا مہربان نہایت رحم والا ہے۔

۱. پیغمبر چین بجبیں ہوئے اور منہ موڑ لیا۔ ۲. کہ ان کے پاس ایک اندھا آیا۔ ۳. اور آپ کو کیا معلوم کہ شاید وہ پاک ہو جائے۔ ۴. یا وہ نصیحت پکڑلے تو اس کو نصیحت نفع دے۔ ۵. لیکن وہ جو پروا نہیں کرتا۔ ۶. سو آپ کے لیے توجہ کرتے ہیں۔ ۷. حالانکہ

آپ پر اس کے نہ سدھرنے کا کوئی الزام نہیں۔ ۸. اور لیکن جو آپ کے پاس دوڑتا ہوا آیا۔ ۹. اور وہ ڈر رہا ہے۔ ۱۰. تو آپ اس سے بے پروائی کرتے ہیں۔ ۱۱. ایسا نہیں چاہیئے بے شک یہ تو ایک نصیحت ہے۔ ۱۲. پس جو چاہے اس کو یاد کرے۔ ۱۳. وہ عزت والے صحیفوں میں ہے۔ ۱۴. جو بلند مرتبہ اور پاک ہیں۔ ۱۵. ان لکھنے والوں کے ہاتھوں میں۔ ۱۶. جو بڑے بزرگ نیکو کار ہیں۔ ۱۷. انسان پر خدا کی مار وہ کیسا ناشکرا ہے۔ ۱۸. اس نے کس چیز سے اس کو بنایا۔ ۱۹. ایک بوند سے اس کو بنایا پھر اس کا اندازہ ٹھیرایا۔ ۲۰. پھر اس پر راستہ آسان کر دیا۔ ۲۱. پھر اس کو موت دی پھر اس کو قبر میں رکھوایا۔ ۲۲. پھر جب چاہے گا اٹھا کر کھڑا کرے گا۔ ۲۳. ایسا نہیں چاہیئے اس نے تعمیل نہیں کی جو اس کو حکم دیا تھا۔ ۲۴. پس انسان کو اپنے کھانے کی طرف غور کرنا چاہیئے۔ ۲۵. کہ ہم نے اوپر سے مینہ برسایا۔ ۲۶. پھر ہم نے زمین کو چیر کر پھاڑا۔ ۲۷. پھر ہم نے اس میں اناج اگایا۔ ۲۸. اور انگور اور ترکاریاں۔ ۲۹. اور زیتون اور کھجور۔ ۳۰. اور گھنے باغ۔ ۳۱. اور میوے اور گھاس۔ ۳۲. تمہارے لیے اور تمہارے چارپایوں کے لیے سامان حیات۔ ۳۳. پھر جس وقت کانوں کا بہرا کرنے والا شور برپا ہو گا۔ ۳۴. جس دن آدمی اپنے بھائی سے بھاگے گا۔ ۳۵. اور اپنی ماں اور باپ سے۔ ۳۶. اور اپنی بیوی اور اپنے بیٹوں سے۔ ۳۷. ہر شخص کی ایسی حالت ہو گی جو اس کو اوروں کی طرف سے بے پروا کر دے گی۔ ۳۸. اور کچھ چہرے اس دن چمک رہے ہوں گے۔ ۳۹. ہنستے

ہوئے خوش و خرم۔ ۴۰. اور کچھ چہرے اس دن ایسے ہوں گے کہ ان پر گرد پڑی ہو گی۔ ۴۱. ان پر سیاہی چھا رہی ہوگی۔ ۴۲. یہی لوگ ہیں منکر نافرمان۔

يَوْمَ يَفِرُّ الْمَرْءُ مِنْ أَخِيهِ : وَ أُمِّهِ وَ أَبِيهِ: وَ صَاحِبَتِهِ وَ بَنِيهِ:

سورۃ کے آخر میں قیامت کے دن کی ہولناکی کا بیان ہے کہ ماں باپ، بہن بھائیوں اور دیگر قریبی عزیزوں کے درمیان رشتہ کتنا مقدس اور پائیدار ہوتا ہے، لیکن یہ لوگ ایک دوسرے کے کام نہ آ سکیں گے۔ یاد رہے کہ حضرات انبیاء علماء اور صلحاء کی سفارشیں و شفاعتیں اس حکم سے مستثنیٰ ہیں۔ ایک حدیث میں ہے کہ نبی کریم ﷺ نے ارشاد فرمایا کہ قیامت کے دن لوگوں کو اس حال میں اٹھایا جائے گا کہ نہ بدن پر کپڑا ہوگا، نہ پیر میں جوتا ہوگا۔ حضرت عائشہ صدیقہ یا حضرت سودہ نے پوچھا کہ حضور یہ کیا ماجرا ہوگا کہ مرد و عورتیں مخلوط بغیر لباس کے میدان حشر کی طرف جائیں گے؟ آپ نے مذکورہ بالا آیت تلاوت فرمائی اور فرمایا کہ انسان اپنے نامہ اعمال، جنت اور جہنم کے سلسلہ میں اس قدر پریشان و مبہوت ہوں گے کہ کیا مجال کہ کوئی کسی کی طرف نگاہ اٹھا کے دیکھ سکے۔ اعاذنا اللہ من اھوال یوم الحشر۔ واللہ اعلم۔

***

۸۱۔ سورۃ التکویر

حضرت ابن عمرؓ فرماتے ہیں کہ نبی کریم ﷺ نے ارشاد فرمایا کہ جس کو یہ بات بھلی لگے کہ وہ قیامت کو اپنی آنکھوں سے دیکھ لے تو وہ سورۃ تکویر کو پڑھے۔ (ابن کثیر)

بسم الله الرحمن الرحيم

إِذَا الشَّمْسُ كُوِّرَتْ ﴿١﴾ وَإِذَا النُّجُومُ انكَدَرَتْ ﴿٢﴾ وَإِذَا الْجِبَالُ سُيِّرَتْ ﴿٣﴾ وَإِذَا الْعِشَارُ عُطِّلَتْ ﴿٤﴾ وَإِذَا الْوُحُوشُ حُشِرَتْ ﴿٥﴾ وَإِذَا الْبِحَارُ سُجِّرَتْ ﴿٦﴾ وَإِذَا النُّفُوسُ زُوِّجَتْ ﴿٧﴾ وَإِذَا الْمَوْؤُودَةُ سُئِلَتْ ﴿٨﴾ بِأَيِّ ذَنبٍ قُتِلَتْ ﴿٩﴾ وَإِذَا الصُّحُفُ نُشِرَتْ ﴿١٠﴾ وَإِذَا السَّمَاءُ كُشِطَتْ ﴿١١﴾ وَإِذَا الْجَحِيمُ سُعِّرَتْ ﴿١٢﴾ وَإِذَا الْجَنَّةُ أُزْلِفَتْ ﴿١٣﴾ عَلِمَتْ نَفْسٌ مَّا أَحْضَرَتْ ﴿١٤﴾ فَلاَ أُقْسِمُ بِالْخُنَّسِ ﴿١٥﴾ الْجَوَارِ الْكُنَّسِ ﴿١٦﴾ وَاللَّيْلِ إِذَا عَسْعَسَ ﴿١٧﴾ وَالصُّبْحِ إِذَا تَنَفَّسَ ﴿١٨﴾ إِنَّهُ لَقَوْلُ رَسُولٍ كَرِيمٍ ﴿١٩﴾ ذِي قُوَّةٍ عِندَ ذِي الْعَرْشِ مَكِينٍ ﴿٢٠﴾ مُطَاعٍ ثَمَّ

أَمِينٍ ﴿٢١﴾ وَمَا صَاحِبُكُم بِمَجْنُونٍ ﴿٢٢﴾ وَلَقَدْ رَآه بِالْأُفُقِ الْمُبِينِ
﴿٢٣﴾ وَمَا هوَ عَلَى الْغَيْبِ بِضَنِينٍ ﴿٢٤﴾ وَمَا هوَ بِقَوْلِ شَيْطَانٍ
رَجِيمٍ ﴿٢٥﴾ فَأَيْنَ تَذْهبُونَ ﴿٢٦﴾ إِنْ هوَ إِلاَ ذِكْرٌ لِّلْعَالَمِينَ
﴿٢٧﴾ لِمَن شَاء مِنكُمْ أَن يَسْتَقِيمَ ﴿٢٨﴾ وَمَا تَشَاؤُونَ إِلاَ أَن
يَشَاء اللَه رَبُّ الْعَالَمِينَ ﴿٢٩﴾

ترجمہ:

شروع اللہ کے نام سے جو بڑا مہربان نہایت رحم والا ہے۔

۱. جب سورج کی روشنی لپیٹی جائے۔ ۲. اور جب ستارے گر جائیں۔ ۳. اور جب پہاڑ چلائے جائیں۔ ۴. اور جب دس مہینے کی گابھن اونٹنیاں چھوڑ دی جائیں۔ ۵. اور جب جنگلی جانور اکھٹے ہو جائیں۔ ۶. اور جب سمندر جوش دیئے جائیں۔ ۷. اور جب جانیں جسموں سے ملائی جائیں۔ ۸. اور جب زندہ در گور لڑکی سے پوچھا جائے۔ ۹. کہ کس گناہ پر ماری گئی تھی۔ ۱۰. اور جب اعمال نامے کھل جائیں۔ ۱۱. اور آسمان کا پوست اتارا جائے۔ ۱۲. اور جب دوزخ دھکائی جائے۔ ۱۳. اور جب جنت قریب لائی جائے۔ ۱۴. تو ہر شخص جان لے گا کہ وہ کیا لے کر آیا ہے۔ ۱۵. پس میں قسم کھاتا ہوں پیچھے ہٹنے والے۔ ۱۶. سیدھے چلنے والے غیب ہو جانے والے ستاروں کی۔ ۱۷. اور قسم

ہے رات کی جب وہ جانے لگے۔ ۱۸. اور قسم ہے صبح کی جب وہ آنے لگے۔ ۱۹. بے شک یہ قرآن ایک معزز رسول کا لایا ہوا ہے۔ ۲۰. جو بڑا طاقتور ہے عرش کے مالک کے نزدیک بڑے رتبہ والا ہے۔ ۲۱. وہاں کا سردار امانت دار ہے۔ ۲۲. اور تمہارا رفیق کوئی دیوانہ نہیں ہے۔ ۲۳. اور اس نے اس کو کھلے کنارے پر دیکھا بھی ہے۔ ۲۴. اور وہ غیب کی باتوں پر بخیل نہیں ہے۔ ۲۵. اور وہ کسی شیطان مردود کا قول نہیں ہے۔ ۲۶. پس تم کہاں چلے جا رہے ہو۔ ۲۷. یہ تو جہان بھر کے لیے نصیحت ہی نصیحت ہے۔ ۲۸. اس کے لیے جو تم میں سے سیدھا چلنا چاہے۔ ۲۹. اور تم تو جب ہی چاہو گے کہ جب اللہ چاہے گا جو تمام جہان کا رب ہے۔

اِذَا الشَّمۡسُ کُوِّرَتۡ:

قیامت کے دن چاند سورج بے نور ہو جائیں گے۔ کیونکہ جس مقصد کے لیے اللہ تعالیٰ نے ان کو پیدا فرما کر جس کام پہ مقرر فرمایا تھا وہ پورا ہو گیا۔

وَاِذَا الۡعِشَارُ عُطِّلَتۡ:

عربوں کے ہاں محض اونٹنی ہی بہت قیمتی چیز سمجھی جاتی تھی۔ پھر جب وہ گابھن ہو تو کیا ہی بات ہے، لیکن قیامت کے دن ہر شخص ایسا فکرمند ہو گا کہ اگر گابھن اونٹنی ہی سامنے ہو گی تو کوئی بھی اس کی طرف التفات نہیں کرے گا۔

وَاِذَا الۡوُحُوۡشُ حُشِرَتۡ:

دنیا میں تو ہر بڑا جانور چھوٹے کا اور ہر زبردست زیر دست کا دشمن ہے۔ پلک جھپکنے میں اس کو لقمہ بنا لیتا ہے۔ جیسا کہ مشاہدہ ہے، مگر قیامت کی شدت کے باعث تمام چرند پرند اکٹھے ہوں گے اور کوئی کسی سے کسی قسم کا تعارض نہیں کرے گا۔

وَاِذَا الْبِحَارُ سُجِّرَتْ:

قیامت کے دن دریا بھڑکائے جائیں گے۔ حضرت علی نے ایک یہودی سے پوچھا تھا۔ این الجہنم ؟ جہنم کہا ہے؟ اس نے کہا، البحر، یعنی دریا ہے تو حضرت علی نے فرمایا میں اس کو سچا ہی خیال کرتا ہوں کہ قیامت کے دن دریا بھڑکائے جائیں گے۔

وَاِذَا الْمَوْءٗدَةُ سُئِلَتْ:

اسلام سے قبل ایک قبیح رسم یہ تھی کہ وہ لوگ دوسرے لوگوں کو لڑکیوں کا رشتہ دینا اپنی عزت و عظمت کے خلاف سمجھتے تھے۔ اس لیے ان معصوم جانوں کو زندہ درگور کرنا سہل جانتے تھے۔ ویسے تو عام گناہوں کے متعلق بازپرس ہوگی، لیکن اس گناہ کی شدت قبح اور برائی کی طرف اشارہ کرنے کے لیے اس اہتمام سے ذکر فرمایا گیا۔ حضرت قیس ابن عاصم نے حضور ﷺ سے عرض کیا کہ میں نے جاہلیت کے زمانہ میں اپنی بارہ یا تیرہ لڑکیوں کو زندہ درگور کیا ہے۔ (اب میرے لیے کیا حکم ہے)۔ آپ نے ارشاد فرمایا ہر ایک کی طرف سے ایک لونڈی آزاد کرو۔ اس نے ہر ایک کی

طرف سے ایک ایک لونڈی آزاد کی پھر اگلے سال سو اونٹنیاں لے کر آ گئے کہ یہ میرے گزشتہ گناہ کا کفارہ ہے جو میں اپنی بچیوں پر ظلم کیا ہے۔

فَلَآ أُقْسِمُ الخ:

ہمارے ہاں قرآن کریم دو واسطوں سے پہنچا ہے۔ ایک واسطہ حضرت جبریل کا ہے جو قرآن کریم لے کر آنے والے تھے اور دوسرا واسطہ نبی کریم ﷺ کا ہے جن پر قرآن کریم نازل کیا گیا ہے۔ اللہ تعالیٰ نے بہت ساری قسمیں کھا کر سفیر اور منزل علیہ دونوں کی حیثیت واضح فرما دی۔ پہلے تو حضرت جبریل کی صفات کا بیان ہے کہ وہ اللہ تعالیٰ کی طرف سے وحی لانے کے لیے مقرر کردہ ایلچی اور رسول ہیں۔ پھر ٹھکانہ بھی ان کا عرش کے پاس ہے۔ اور وہ فرشتوں میں قابل تقلید ہیں۔ وہ امین ہیں، انہوں نے وحی کے معاملہ میں کسی قسم کے تساہل، تغافل اور خیانت کا مظاہرہ نہیں کیا بلکہ وہ اللہ تعالیٰ کا کلام، من و عن اور کما حقہ، اللہ کے رسولوں کو پہنچاتے رہے۔

وَمَا صَاحِبُكُم بِمَجْنُونٍ:

یہاں سے نبی کریم ﷺ کی صفات کا بیان ہے، چالیس سال تک تم لوگوں نے حضور کی زندگی کے مختلف شعبوں کا مشاہدہ کیا۔ آپ اچھے رشتہ دار، اچھے میزبان، اچھے پڑوسی، عیادت کرنے والے، مسافروں، یتیموں اور بیواؤں کے سرپرست شفقت رکھنے والے کی حیثیت سے آپ کو لوگوں نے دیکھا اور آزمایا ہے۔ تم ہی لوگوں نے

ان کو صادق اور امین کا لقب دیا ہے۔ ان (حضور) کی گفتگو نہایت ہی حکیمانہ اور دانائی پر مبنی ہے۔ آپ پر جنوں وغیرہ کے اثرات کا دور دور تک نام و نشان نہیں؟ پھر اللہ تعالیٰ نے آپ کو جن کتابوں کا علم دیا اور غیب کی جن باتوں پر آپ کو مطلع فرمایا خواہ وہ قرآن کریم ہو جیسا کہ حضرت قتادہ کا قول ہے یا دیگر باتیں جو عقائد وغیرہ سے متعلق ہیں جیسے اشراط الساعۃ اور میدان حشر، جنت و جہنم کے متعلق آپ نے بہت سی باتوں کی اطلاع دی ہے۔ یہ سب حق اور حقائق ہیں۔ واللہ اعلم۔

وَلَقَدْ رَاٰهُ بِالْاُفُقِ الْمُبِيْنِ:

اس سے مراد وہی روایت ہے جو سورۃ نجم میں مذکور ہے۔ وھو بالافق الاعلی ثم دنا فتدلی۔

***

۸۲۔ سورۃ الانفطار

اس سورت میں بھی قیامت کے منظر اور پھر جزا و سزا کا بیان ہے۔ جیسا کہ سورۃ التکویر میں مفصل بیان ہوا۔ گویا یہ دونوں ایک جان دو قالب ہیں۔

بسم اللہ الرحمن الرحیم

إِذَا السَّمَاء انفَطَرَتْ ﴿۱﴾ وَإِذَا الْكَوَاكِبُ انتَثَرَتْ ﴿۲﴾ وَإِذَا الْبِحَارُ
فُجِّرَتْ ﴿۳﴾ وَإِذَا الْقُبُورُ بُعْثِرَتْ ﴿۴﴾ عَلِمَتْ نَفْسٌ مَّا قَدَّمَتْ
وَأَخَّرَتْ ﴿۵﴾ يَا أَيُّهَا الْإِنسَانُ مَا غَرَّكَ بِرَبِّكَ الْكَرِيمِ ﴿۶﴾ الَّذِي
خَلَقَكَ فَسَوَّاكَ فَعَدَلَكَ ﴿۷﴾ فِي أَيِّ صُورَةٍ مَّا شَاء رَكَّبَكَ ﴿۸﴾
كَلاَّ بَلْ تُكَذِّبُونَ بِالدِّينِ ﴿۹﴾ وَإِنَّ عَلَيْكُمْ لَحَافِظِينَ ﴿۱۰﴾ كِرَامًا
كَاتِبِينَ ﴿۱۱﴾ يَعْلَمُونَ مَا تَفْعَلُونَ ﴿۱۲﴾ إِنَّ الْأَبْرَارَ لَفِي نَعِيمٍ
﴿۱۳﴾ وَإِنَّ الْفُجَّارَ لَفِي جَحِيمٍ ﴿۱۴﴾ يَصْلَوْنَهَا يَوْمَ الدِّينِ ﴿۱۵﴾
وَمَا هُمْ عَنْهَا بِغَائِبِينَ ﴿۱۶﴾ وَمَا أَدْرَاكَ مَا يَوْمُ الدِّينِ ﴿۱۷﴾ ثُمَّ مَا

أَدْرَاكَ مَا يَوْمُ الدِّينِ ﴿١٨﴾ يَوْمَ لاَ تَمْلِكُ نَفْسٌ لِّنَفْسٍ شَيْئًا وَالْأَمْرُ
يَوْمَئِذٍ لِلَّه ﴿١٩﴾

ترجمہ:

شروع اللہ کے نام سے جو بڑا مہربان نہایت رحم والا ہے۔

١. جب آسمان پھٹ جائے۔ ٢. اور جب ستارے جھڑ جائیں۔ ٣. اور جب سمندر ابل پڑیں۔ ٤. اور جب قبریں اکھاڑ دی جائیں۔ ٥. تب ہر شخص جان لے گا کہ کیا آگے بھیجا اور کیا پیچھے چھوڑ آیا۔ ٦. اے انسان تجھے اپنے رب کریم کے بارے میں کس چیز نے مغرور کر دیا۔ ٧. جس نے تجھے پیدا کیا پھر تجھے ٹھیک کیا پھر تجھے برابر کیا۔ ٨. جس صورت میں چاہا تیرے اعضا کو جوڑ دیا۔ ٩. نہیں نہیں بلکہ تم جزا کو نہیں مانتے۔ ١٠. اور بے شک تم پر محافظ ہیں۔ ١١. عزت والے اعمال لکھنے والے۔ ١٢. وہ جانتے ہیں جو تم کرتے ہو۔ ١٣. بے شک نیک لوگ نعمت میں ہوں گے۔ ١٤. اور بے شک نافرمان دوزخ میں ہوں گے۔ ١٥. انصاف کے دن اس میں داخل ہوں گے۔ ١٦. اور وہ اس سے کہیں جانے نہ پائیں گے۔ ١٧. اور تجھے کیا معلوم انصاف کا دن کیا ہے۔ ١٨. پھر تجھے کیا خبر کہ انصاف کا دن کیا ہے۔ ١٩. جس دن کوئی کسی کے لیے کچھ بھی نہ کر سکے گا اور اس دن اللہ ہی کا حکم ہوگا۔

يَا أَيُّهَا الْإِنسَانُ مَا غَرَّكَ بِرَبِّكَ الْكَرِيمِ:

اس آیت میں اللہ تعالیٰ نے حضرت انسان کو نہایت ہی عجیب و غریب انداز میں جھنجھوڑا ہے کہ جب تجھے معلوم ہے کہ تیرا رب کریم ہے، رحیم اور حلیم ہے تو تجھ کو حیا آنی چاہیے کہ اتنا بڑا عظمت شان والا اللہ اگر اپنے فضل و کرم سے حلم و بردباری کا مظاہرہ فرما رہا ہے تو آپ اس کا مطیع و فرماں بردار بندہ بن کر وقت گزارنا چاہیے تھا۔ صغائر و کبائر سے اجتناب کلی کرنا چاہیے تھے، لیکن تو نے جب یہ دیکھا کہ قہار و جبار بادشاہ ہر فعل بد پر فی الفور سزا اور گرفت علی المعصیۃ پر باوجود قدرت کاملہ رکھنے کے سزا نہیں دیتا تو اپنی سرکشی و کج روی میں مزید بڑھنے لگا، حالانکہ اس کی گرفت سے کون چھوٹ سکتا ہے؟ دیر ہو سکتی ہے، لیکن اندھیر نہیں۔

كِرَامًا كَاتِبِينَ:

ہر انسان کے ساتھ دو فرشتے اعمال نوٹ کرنے کے لیے مقرر ہیں اور دو فرشتے حفاظت کے لیے مقرر ہیں جو آگے اور پیچھے سے حوادث سے حفاظت کرتے ہیں، لیکن جب تقدیر کا فیصلہ آتا ہے تو یہ دونوں پاس سے ہٹ جاتے ہیں اور جو فرشتے اعمال نوٹ کرنے کے لیے مقرر ہیں، ایک دائیں اور بائیں، دائیں جانب والا فرشتہ نیک اعمال نوٹ کرتا ہے اور بائیں جانب والا برے اعمال نوٹ کرتا ہے۔ نیک اعمال

نوٹ کرنے والا فرشتہ دوسرے پر امیر مقرر کیا گیا ہے۔ جب بندہ گناہ کرتا ہے تو بائیں جانب والا فرشتہ دائیں جانب والے فرشتے سے پوچھتا ہے کہ کیا اس شخص کے گناہ لکھوں؟ وہ کہتا ہے نہیں ابھی صبر کر۔ ہو سکتا ہے، وہ توبہ استغفار کر لے۔ جب تین بار پوچھ لیتا ہے تب دائیں جانب والا فرشتہ گناہ تحریر کرنے کی اجازت دے دیتا ہے۔ ایک اور حدیث میں ہے کہ یہ اعمال نوٹ کرنے والے فرشتے بوجہ حیا کے تم لوگوں سے تین وقتوں میں الگ تھلگ ہو جاتے ہیں۔ قضائے حاجت کے وقت۔ مباشرت کے وقت۔ اور غسل کے وقت۔ لہذا غسل کے وقت انسان کو چاہیے کہ دیوار کی آڑ یا کسی بھی مناسب سے پردے کا اہتمام کرے۔

وَالْأَمْرُ يَوْمَئِذٍ لِلّٰهِ الخ:

قیامت کے دن اللہ تعالیٰ ہر شے کا مالک و متصرف ہو گا۔ تمام فیصلے وقضیے اس کے حکم سے طے پائیں گے اور کسی کے پاس کوئی اختیار نہ ہو گا۔ رہی انبیاء اور صلحاء کی سفارش، سو وہ اسی کے اذن واجازت سے مشروط ہے۔ کمامر غیر مرۃ واللہ اعلم۔

***

۸۳۔ سورۃ المطففین

حضرت ابن عباس سے روایت ہے کہ جب نبی کریم صلی اللہ علیہ وآلہ وسلم نے مدینہ منورہ ہجرت فرمائی تو لوگ ماپ تول میں بہت نقصان اٹھا رہے تھے۔ جب کسی سے لیتے تھے تو پورا ماپ تول کر لیتے تھے (جیسا کہ "اکتالوا") باب افتعال اس کی طرف اشارہ کر رہا ہے۔ اور جب ماپ تول کر دوسروں کو ان کا حق دیتے تھے تو کم ماپ اور وزن کر کے دیتے تھے۔ اس پر اللہ تعالیٰ نے یہ سورت نازل فرمادی۔ (ابن کثیر) حضرت شعیبؑ کی قوم میں بھی خصوصیت سے ناپ تول میں کمی کی بیماری پائی جاتی تھی۔ حضرت شعیب نے بار بار ان کو سمجھایا 'اوفوا الکیل کہ اپنا ماپ تول صحیح رکھو۔ افسوس کہ آج بھی بہت سے مسلمان اس موذی و مہلک بیماری کا شکار ہیں۔ کم تولنا ملاوٹ کرنا۔ کم تول تو عام ہے بعض لوگ باٹ ہی چھوٹے رکھتے ہیں۔ یہ دنیوی و اخروی نقصان و خسران کا سبب ہے۔ یہ لوگ نہ کسی ناصح و واعظ کی بات پر کان دھرتے ہیں، نہ ان کی عقل و خرد اس دائمی خسارے کا ادراک کر رہی ہے، بلکہ الٹا زہر کو تریاق سمجھ رہے ہیں۔ فاشت کی الی اللہ۔

بہرحال تطفیف (حقوق کی پامالی) جیسے حقوق العباد میں مذموم ہے، اسی طرح حقوق اللہ
اور حقوق الحیوانیہ میں بھی مذموم ہے۔

بسم اللہ الرحمن الرحیم

وَيْلٌ لِّلْمُطَفِّفِينَ ﴿١﴾ الَّذِينَ إِذَا اكْتَالُواْ عَلَى النَّاسِ يَسْتَوْفُونَ ﴿٢﴾
وَإِذَا كَالُوهُمْ أَو وَّزَنُوهُمْ يُخْسِرُونَ ﴿٣﴾ أَلاَ يَظُنُّ أُولَئِكَ أَنَّهُم مَّبْعُوثُونَ
﴿٤﴾ لِيَوْمٍ عَظِيمٍ ﴿٥﴾ يَوْمَ يَقُومُ النَّاسُ لِرَبِّ الْعَالَمِينَ ﴿٦﴾ كَلاَّ
إِنَّ كِتَابَ الفُجَّارِ لَفِي سِجِّينٍ ﴿٧﴾ وَمَا أَدْرَاكَ مَا سِجِّينٌ ﴿٨﴾ كِتَابٌ
مَّرْقُومٌ ﴿٩﴾ وَيْلٌ يَوْمَئِذٍ لِّلْمُكَذِّبِينَ ﴿١٠﴾ الَّذِينَ يُكَذِّبُونَ بِيَوْمِ
الدِّينِ ﴿١١﴾ وَمَا يُكَذِّبُ بِهِ إِلاَّ كُلُّ مُعْتَدٍ أَثِيمٍ ﴿١٢﴾ إِذَا تُتْلَى
عَلَيْهِ آيَاتُنَا قَالَ أَسَاطِيرُ الْأَوَّلِينَ ﴿١٣﴾ كَلاَّ بَلْ رَانَ عَلَى قُلُوبِهِم مَّا
كَانُوا يَكْسِبُونَ ﴿١٤﴾ كَلاَّ إِنَّهُمْ عَن رَّبِّهِمْ يَوْمَئِذٍ لَّمَحْجُوبُونَ ﴿١٥﴾
ثُمَّ إِنَّهُمْ لَصَالُو الْجَحِيمِ ﴿١٦﴾ ثُمَّ يُقَالُ هَذَا الَّذِي كُنتُم بِهِ تُكَذِّبُونَ
﴿١٧﴾ كَلاَّ إِنَّ كِتَابَ الْأَبْرَارِ لَفِي عِلِّيِّينَ ﴿١٨﴾ وَمَا أَدْرَاكَ مَا
عِلِّيُّونَ ﴿١٩﴾ كِتَابٌ مَّرْقُومٌ ﴿٢٠﴾ يَشْهَدُهُ الْمُقَرَّبُونَ ﴿٢١﴾ إِنَّ
الْأَبْرَارَ لَفِي نَعِيمٍ ﴿٢٢﴾ عَلَى الْأَرَائِكِ يَنظُرُونَ ﴿٢٣﴾ تَعْرِفُ فِي

وُجُوهِهِمْ نَضْرَةَ النَّعِيمِ ﴿٢٤﴾ يُسْقَوْنَ مِن رَّحِيقٍ مَّخْتُومٍ ﴿٢٥﴾
خِتَامُه مِسْكٌ وَفِي ذَٰلِكَ فَلْيَتَنَافَسِ الْمُتَنَافِسُونَ ﴿٢٦﴾ وَمِزَاجُه مِن
تَسْنِيمٍ ﴿٢٧﴾ عَيْنًا يَشْرَبُ بِهَا الْمُقَرَّبُونَ ﴿٢٨﴾ إِنَّ الَّذِينَ أَجْرَمُوا
كَانُواْ مِنَ الَّذِينَ آمَنُوا يَضْحَكُونَ ﴿٢٩﴾ وَإِذَا مَرُّواْ بِهِمْ يَتَغَامَزُونَ
﴿٣٠﴾ وَإِذَا انقَلَبُواْ إِلَى أَهْلِهِمُ انقَلَبُواْ فَكِهِينَ ﴿٣١﴾ وَإِذَا رَأَوْهُمْ قَالُوا
إِنَّ هَؤُلَاءِ لَضَالُّونَ ﴿٣٢﴾ وَمَا أُرْسِلُوا عَلَيْهِمْ حَافِظِينَ ﴿٣٣﴾ فَالْيَوْمَ
الَّذِينَ آمَنُواْ مِنَ الْكُفَّارِ يَضْحَكُونَ ﴿٣٤﴾ عَلَى الْأَرَائِكِ يَنظُرُونَ
﴿٣٥﴾ هَلْ ثُوِّبَ الْكُفَّارُ مَا كَانُوا يَفْعَلُونَ ﴿٣٦﴾

ترجمہ:

شروع اللہ کے نام سے جو بڑا مہربان نہایت رحم والا ہے۔

۱. کم تولنے والوں کے لیے تباہی ہے۔ ۲. وہ لوگ کہ جب لوگوں سے ماپ کر لیں تو پورا کریں۔ ۳. اور جب ان کو ماپ کر یا تول کر دیں تو گھٹا کر دیں۔ ۴. کیا وہ خیال نہیں کرتے کہ وہ اٹھائے جائیں گے۔ ۵. اس بڑے دن کے لیے۔ ۶. جس دن سب لوگ رب العالمین کے سامنے کھڑے ہوں گے۔ ۷. ہر گز ایسا نہیں چاہیے بے شک نا

فرمانوں کے اعمال نامے سجین میں ہیں۔ ۸. اور آپ کو کیا خبر کہ سجین کیا ہے۔ ۹.
ایک دفتر ہے جس میں لکھا جاتا ہے۔ ۱۰. اس دن جھٹلانے والوں کے لئے تباہی
ہے۔ ۱۱. وہ جو انصاف کے دن کو جھٹلاتے ہیں۔ ۱۲. اور اس کو وہی جھٹلاتا ہے جو حد
سے بڑھا ہوا گناہگار ہے۔ ۱۳. جب اس پر ہماری آیتیں پڑھی جاتی ہیں تو کہتا ہے
پہلوں کی کہانیاں ہیں۔ ۱۴. ہر گز نہیں بلکہ ان کے (بڑے) کاموں سے ان کے دلوں
پر زنگ لگ گیا ہے۔ ۱۵. ہر گز نہیں بے شک وہ اپنے رب سے اس دن روک دیئے
جائیں گے۔ ۱۶. پھر بے شک وہ دوزخ میں گرنے والے ہیں۔ ۱۷. پھر کہا جائے گا کہ
یہی ہے وہ جسے تم جھٹلاتے تھے۔ ۱۸. ہر گز نہیں بے شک نیکوں کے اعمال نامے
علیین میں ہیں۔ ۱۹. اور آپ کو کیا خبر کہ علیّین کیا ہے۔ ۲۰. ایک دفتر ہے جس میں لکھا
جاتا ہے۔ ۲۱. اسے مقرب فرشتے دیکھتے ہیں۔ ۲۲. بے شک نیکو کار جنت میں ہوں
گے۔ ۲۳. تختوں پر بیٹھے دیکھ رہے ہوں گے۔ ۲۴. آپ ان کے چہروں میں نعمت کی
تازگی معلوم کریں گے۔ ۲۵. ان کو خالص شراب مہر لگی ہوئی پلائی جائے گی۔ ۲۶. اس
کی مہر مشک کی ہوگی اور رغبت کرنے والوں کو اس کی رغبت کرنی چاہیئے۔ ۲۷. اور
اس میں تسنیم ملی ہوگی۔ ۲۸. وہ ایک چشمہ ہے اس میں سے مقرب پئیں گے۔ ۲۹.
بے شک نافرمان (دنیا میں) ایمان داروں سے ہنسی کیا کرتے تھے۔ ۳۰. اور جب ان
کے پاس سے گزرتے تو آپس میں آنکھ سے اشارے کرتے تھے۔ ۳۱. اور جب اپنے

گھر والوں کے پاس لوٹ کر جاتے تو ہنستے ہوئے جاتے تھے۔ ۳۲. اور جب ان کو دیکھتے تو کہتے بے شک یہی گمراہ ہیں۔ ۳۳. حالانکہ وہ ان پر نگہبان بنا کر نہیں بھیجے گئے تھے۔ ۳۴. پس آج وہ لوگ جو ایمان لائے کفار سے ہنس رہے ہوں گے۔ ۳۵. تختوں پر بیٹھے دیکھ رہے ہوں گے۔ ۳۶. آیا کافروں کو بدلہ دیا گیا ہے ان اعمال کا جو وہ کیا کرتے تھے۔

يَّوۡمَ يَقُوۡمُ النَّاسُ لِرَبِّ الۡعٰلَمِيۡنَ:

کیا ان کم تولنے اور ناپنے والوں کو یہ خیال نہیں آتا کہ کل رب العالمین کے سامنے کھڑے ہوں گے اور ذرے ذرے کا حساب لیا جائے گا تو یہ لوگ ہزاروں لاکھوں انسانوں کے مقروض ہوں گے۔ اس وقت خدا کو کیا منہ دکھائیں گے۔ ایک دفعہ نبی کریم صلی اللہ علیہ وآلہ وسلم نے بشیر الغفاری سے فرمایا کہ اس دن تیرا کیا حال ہو گا جس دن لوگ دنیا کے دنوں کے اعتبار سے تین سو سال اللہ کے حکم کے مطابق کھڑے رہیں گے۔ نہ آسمان سے ان کے ہاں کوئی خبر آئے گی اور نہ ہی ان کو کسی بات کا حکم دیا جائے گا (بلکہ اتنا طویل عرصہ انتظار میں ہی رہیں گے)۔ حضرت بشیر نے عرض کی کہ اللہ تعالیٰ سے مدد مانگوں گا۔ حضور نے فرمایا جب تو رات کو بستر پر لیٹے تو قیامت کے دن کے کرب و غم اور برے حساب سے پناہ مانگا کر (ابن کثیر)۔

كَلَّآ اِنَّ كِتٰبَ الْفُجَّارِ الخ:

کتاب الفجار اور کتاب الابرار سے مراد دونوں فریقوں کے اعمال کے دفتر ہیں۔ ابرار کے دفتر ساتویں آسمان کے اوپر اور فجار کے دفتر ساتویں زمین کے نیچے ہوتے ہیں۔ واللہ اعلم۔

***

٨٤ـ سورة الإنشقاق

بسم الله الرحمن الرحيم

إِذَا السَّمَاءُ انشَقَّتْ ﴿١﴾ وَأَذِنَتْ لِرَبِّهَا وَحُقَّتْ ﴿٢﴾ وَإِذَا الْأَرْضُ مُدَّتْ ﴿٣﴾ وَأَلْقَتْ مَا فِيهَا وَتَخَلَّتْ ﴿٤﴾ وَأَذِنَتْ لِرَبِّهَا وَحُقَّتْ ﴿٥﴾ يَا أَيُّهَا الْإِنسَانُ إِنَّكَ كَادِحٌ إِلَىٰ رَبِّكَ كَدْحًا فَمُلَاقِيهِ ﴿٦﴾ فَأَمَّا مَنْ أُوتِيَ كِتَابَهُ بِيَمِينِهِ ﴿٧﴾ فَسَوْفَ يُحَاسَبُ حِسَابًا يَسِيرًا ﴿٨﴾ وَيَنقَلِبُ إِلَىٰ أَهْلِهِ مَسْرُورًا ﴿٩﴾ وَأَمَّا مَنْ أُوتِيَ كِتَابَهُ وَرَاءَ ظَهْرِهِ ﴿١٠﴾ فَسَوْفَ يَدْعُو ثُبُورًا ﴿١١﴾ وَيَصْلَىٰ سَعِيرًا ﴿١٢﴾ إِنَّهُ كَانَ فِي أَهْلِهِ مَسْرُورًا ﴿١٣﴾ إِنَّهُ ظَنَّ أَن لَّن يَحُورَ ﴿١٤﴾ بَلَىٰ إِنَّ رَبَّهُ كَانَ بِهِ بَصِيرًا ﴿١٥﴾ فَلَا أُقْسِمُ بِالشَّفَقِ ﴿١٦﴾ وَاللَّيْلِ وَمَا وَسَقَ ﴿١٧﴾ وَالْقَمَرِ إِذَا اتَّسَقَ ﴿١٨﴾ لَتَرْكَبُنَّ طَبَقًا عَن طَبَقٍ ﴿١٩﴾ فَمَا لَهُمْ لَا يُؤْمِنُونَ ﴿٢٠﴾ وَإِذَا قُرِئَ عَلَيْهِمُ الْقُرْآنُ لَا يَسْجُدُونَ ﴿٢١﴾ ﴿سجده ـ ١٣﴾

بَلِ الَّذِينَ كَفَرُواْ يُكَذِّبُونَ ﴿٢٢﴾ وَاللَّهُ أَعْلَمُ بِمَا يُوعُونَ ﴿٢٣﴾
فَبَشِّرْهُم بِعَذَابٍ أَلِيمٍ ﴿٢٤﴾ إِلاَّ الَّذِينَ آمَنُواْ وَعَمِلُواْ الصَّالِحَاتِ لَهُمْ
أَجْرٌ غَيْرُ مَمْنُونٍ ﴿٢٥﴾

ترجمہ:

شروع اللہ کے نام سے جو بڑا مہربان نہایت رحم والا ہے۔

۱. جب آسمان پھٹ جائے گا۔ ۲. اور اپنے رب کا حکم سن لے گا اور وہ اسی لائق ہے۔ ۳. اور جب زمین پھیلا دی جائے گی۔ ۴. اور جو کچھ اس میں ہے ڈال دے گی اور خالی ہو جائے گی۔ ۵. اور اپنے رب کا حکم سن لے گی اور وہ اسی لائق ہے۔ ۶. اے انسان تو اپنے رب کے پاس پہنچنے تک کام میں کوشش کر رہا ہے پھر اس سے جا ملے گا۔ ۷. پھر جس کا اعمال نامہ اس کے دائیں ہاتھ میں دیا گیا۔ ۸. تو اس سے آسانی کے ساتھ حساب لیا جائے گا۔ ۹. اور وہ اپنے اہل و عیال میں خوش واپس آئے گا۔ ۱۰. اور لیکن جس کو نامۂ اعمال پیٹھ پیچھے سے دیا گیا۔ ۱۱. تو وہ موت کو پکارے گا۔ ۱۲. اور دوزخ میں داخل ہو گا۔ ۱۳. بے شک وہ اپنے اہل و عیال میں بڑا خوش و خرم تھا۔ ۱۴. بے شک اس نے سمجھ لیا تھا کہ ہر گز نہ لوٹ کر جائے گا۔ ۱۵. کیوں نہیں بے

شک اس کا رب تو اس کو دیکھ رہا تھا۔ ۱۶. پس شام کی سرخی کی قسم ہے۔ ۱۷. اور رات کی اور جو کچھ اس نے سمیٹا۔ ۱۸. اور چاند کی جب کہ وہ پورا ہو جائے۔ ۱۹. کہ تمہیں ایک منزل سے دوسری منزل پر چڑھنا ہو گا۔ ۲۰. پھر انہیں کیا ہو گیا کہ ایمان نہیں لاتے۔ ۲۱. اور جب ان پر قرآن پڑھا جائے تو سجدہ نہیں کرتے۔ ۲۲. بلکہ جو لوگ منکر ہیں جھٹلاتے ہیں۔ ۲۳. اور اللہ خوب جانتا ہے وہ جو (دل میں) محفوظ رکھتے ہیں۔ ۲۴. پس انہیں دردناک عذاب کی خوشخبری دے دو۔ ۲۵. مگر جو لوگ ایمان لائے اور انہوں نے نیک عمل کیے ان کے لیے بے انتہا اجر ہے۔

فَسَوۡفَ يُحَاسَبُ حِسَابًا يَّسِيۡرًا:

حضرت عائشہ فرماتی ہیں کہ میں نے اللہ کے رسول ﷺ کو سنا کہ آپ کسی نماز میں یہ دعا فرما رہے تھے۔ اللهم حاسبنی حسابا یسیرا الخ، اے اللہ میرے ساتھ آسان حساب فرما۔ میں نے پوچھا یا رسول اللہ آسان حساب کیسے ہو گا۔ آپ نے ارشاد فرمایا کہ اللہ تعالیٰ بندہ کے نامہ اعمال میں (گناہ، کوتاہیاں وغیرہ) دیکھے تو اس سے درگزر فرما دے۔ آگے فرمایا۔ من نوقش الحساب یا عائشة هلک۔ اے عائشہ، جس کے ساتھ کرید کرید کر حساب کیا گیا وہ ہلاک ہو جائے گا۔ (ابن کثیر)۔

واللہ اعلم

وَإِذَا قُرِئَ عَلَيْهِمُ الْقُرْآنُ لَا يَسْجُدُونَ

حضرت ابو ہریرہ نے عشاء کی نماز میں سورۃ انشقاق پڑھی اور سجدہ کیا۔ کسی نے پوچھا کہ آپ نے ایسا کیوں کیا، تو آپ فرمانے لگے کہ میں نے ابو القاسم صلی اللہ علیہ وآلہٖ وسلم کے پیچھے (نماز عشاء میں) سجدہ کیا تھا۔ میں اب بھی سجدہ کرتا رہوں گا، یہاں تک کہ میں حضور سے جا ملوں (یعنی مرتے دم تک اس عمل پر قائم رہوں گا)۔ (ابن کثیر)

***

۸۵۔ سورۃ البروج

بروج سے یا تو وہ مشہور برج مراد ہیں جو آفتاب سال بھر میں طے کرتا ہے یا بڑے بڑے راستے مراد ہیں جن سے فرشتوں کا گزر ہوتا ہے۔

بسم الله الرحمن الرحيم

وَالسَّمَاء ذَاتِ الْبُرُوجِ ﴿١﴾ وَالْيَوْمِ الْمَوْعُودِ ﴿٢﴾ وَشَاهِدٍ وَمَشْهُودٍ
﴿٣﴾ قُتِلَ أَصْحَابُ الْأُخْدُودِ ﴿٤﴾ النَّارِ ذَاتِ الْوَقُودِ ﴿٥﴾ إِذْ هُمْ
عَلَيْهَا قُعُودٌ ﴿٦﴾ وَهُمْ عَلَى مَا يَفْعَلُونَ بِالْمُؤْمِنِينَ شُهُودٌ ﴿٧﴾ وَمَا
نَقَمُوا مِنْهُمْ إِلاَّ أَن يُؤْمِنُوا بِاللَّهِ الْعَزِيزِ الْحَمِيدِ ﴿٨﴾ الَّذِي لَهُ مُلْكُ
السَّمَاوَاتِ وَالْأَرْضِ وَاللَّهُ عَلَى كُلِّ شَيْءٍ شَهِيدٌ ﴿٩﴾ إِنَّ الَّذِينَ فَتَنُوا
الْمُؤْمِنِينَ وَالْمُؤْمِنَاتِ ثُمَّ لَمْ يَتُوبُوا فَلَهُمْ عَذَابُ جَهَنَّمَ وَلَهُمْ عَذَابُ
الْحَرِيقِ ﴿١٠﴾ إِنَّ الَّذِينَ آمَنُوا وَعَمِلُوا الصَّالِحَاتِ لَهُمْ جَنَّاتٌ تَجْرِي
مِن تَحْتِهَا الْأَنْهَارُ ذَلِكَ الْفَوْزُ الْكَبِيرُ ﴿١١﴾ إِنَّ بَطْشَ رَبِّكَ لَشَدِيدٌ

﴿١٢﴾ إِنَّهُ هُوَ يُبْدِئُ وَيُعِيدُ ﴿١٣﴾ وَهُوَ الْغَفُورُ الْوَدُودُ ﴿١٤﴾
ذُو الْعَرْشِ الْمَجِيدُ ﴿١٥﴾ فَعَّالٌ لِّمَا يُرِيدُ ﴿١٦﴾ هَلْ أَتَاكَ حَدِيثُ
الْجُنُودِ ﴿١٧﴾ فِرْعَوْنَ وَثَمُودَ ﴿١٨﴾ بَلِ الَّذِينَ كَفَرُوا فِي تَكْذِيبٍ
﴿١٩﴾ وَاللَّهُ مِن وَرَائِهِم مُّحِيطٌ ﴿٢٠﴾ بَلْ هُوَ قُرْآنٌ مَّجِيدٌ
﴿٢١﴾ فِي لَوْحٍ مَّحْفُوظٍ ﴿٢٢﴾

ترجمہ:

شروع اللہ کے نام سے جو بڑا مہربان نہایت رحم والا ہے۔

۱. آسمان کی قسم ہے جس میں برج ہیں۔ ۲. اور اس دن کی جس کا وعدہ کیا گیا ہے۔ ۳. اور اس دن کی جو حاضر ہوتا ہے اور اس کی جس کے پاس حاضر ہوتے ہیں۔ ۴. خندقوں والے ہلاک ہوئے۔ ۵. جس میں آگ تھی بہت ایندھن والی۔ ۶. جب کہ وہ اس کے کناروں پر بیٹھے ہوئے تھے۔ ۷. اور وہ ایمانداروں سے جو کچھ کر رہے تھے اس کو دیکھ رہے تھے۔ ۸. اور ان سے اسی کا تو بدلہ لے رہے تھے کہ وہ اللہ زبردست خوبیوں والے پر ایمان لائے تھے۔ ۹. وہ کہ جس کے قبضہ میں آسمان اور زمین ہیں اور اللہ ہر چیز پر شاہد ہے۔ ۱۰. بے شک جنھوں نے ایمان دار مردوں اور ایمان دار عورتوں کو

ستایا پھر توبہ نہ کی تو ان کے لیے جہنم کا عذاب ہے اور ان کے لیے جلانے والا عذاب ہے۔ ۱۱. بے شک جو لوگ ایمان لائے اور انہوں نے نیک کام بھی کیے ان کے لیے باغ ہیں جن کے نیچے نہریں بہتی ہوں گی یہی بڑی کامیابی ہے۔ ۱۲. بے شک تیرے رب کی پکڑ بھی سخت ہے۔ ۱۳. بے شک وہی پہلے پیدا کرتا ہے اور دوبارہ پیدا کرے گا۔ ۱۴. اور وہی ہے بخشنے والا محبت کرنے والا۔ ۱۵. عرش کا مالک بڑی شان والا۔ ۱۶. جو چاہے کرنے والا۔ ۱۷. کیا آپ کے پاس لشکروں کا حال پہنچا۔ ۱۸. فرعون اور ثمود کے۔ ۱۹. بلکہ منکر تو جھٹلانے میں لگے ہوئے ہیں۔ ۲۰. اور اللہ ہر طرف سے ان کو گھیرے ہوئے ہے۔ ۲۱. بلکہ وہ قرآن ہے بڑی شان والا۔ ۲۲. لوح محفوظ میں (لکھا ہوا ہے۔

وَالْيَوْمِ الْمَوْعُودِ:

قیامت کا دن۔

شاهد:

جمعہ کا دن۔ مشہود۔ عرفہ کا دن۔

قُتِلَ أَصْحٰبُ الْأُخْدُودِ:

یعنی ہلاک ہو گئے خندقوں والے۔ یہاں قتل لعن کے معنی میں ہے یعنی ان ظالم لوگوں پر خدا کی لعنت ہو جنھوں نے مسلمانوں کا قتل عام کیا۔ آگ کی خندقیں کھودنے اور ان

میں لوگوں کو جلانے والوں کے متعلق مفسرین حضرات نے متعدد واقعات نقل فرمائے ہیں جو مفہوم میں ایک دوسرے کے قریب قریب ہیں۔ ہم یہاں حافظ ابن کثیر کے نقل کردہ واقعہ پر اکتفا کرتے ہیں جو صحیح احادیث سے ثابت ہے۔ حضور اکرم ﷺ نے فرمایا کہ تم سے پہلے (گزشتہ امتوں) لوگوں میں ایک کافر بادشاہ تھا اور اس کا ایک جادوگر تھا۔ جب وہ ساحر مرنے کے قریب ہوا تو اس نے بادشاہ سے کہا کہ میں سن رسیدہ ہو گیا ہوں اور موت کے قریب پہنچ گیا ہوں، لہذا مجھ کو کوئی ہونہار لڑکا لا دیجیے تاکہ میں اس کو اپنا علم سکھا دوں۔ بادشاہ نے اس کو ایک لڑکا دے دیا جسے وہ جادو سکھاتا تھا۔ اس بادشاہ اور جادوگر کے درمیان راستہ میں ایک راہب تھا۔ جو اس وقت کے دین حق پر تھا اتفاق سے لڑکے نے اس کے پاس بھی آنا جانا شروع کر دیا اس کو راہب کی باتیں اچھی لگیں۔ اب جب لڑکا ساحر کے پاس جاتا تو راہب کے ہاں بیٹھنے کی وجہ سے دیر ہو جاتی۔ وہ ملامت کرتا اور واپسی پر بادشاہ کے پاس جاتا۔ وہاں بھی دیر ہو جاتی تو وہ ملامت کرتا۔ لڑکے نے اس بات کی شکایت راہب سے کی تو راہب نے یہ مشورہ دیا کہ جب ساحر تجھ کو تاخیر سے آنے کی وجہ سے سزا دینے لگے تو اسے کہنا کہ میں گھر سے ہی لیٹ آیا ہوں اور جب گھر والے تاخیر کے باعث سزا دینے اور ڈانٹ ڈپٹ کرنے لگیں تو ان سے کہنا کہ ساحر کے ہاں سے لیٹ آیا ہوں ایک دن یہ لڑکا راستہ سے گزر رہا تھا۔ دیکھا کہ ایک خطرناک جانور نے لوگوں کا راستہ

روک رکھا ہے اور لوگ بڑے پریشان ہیں۔ اس لڑکے نے کہا کہ آج میں یہ تحقیق کر لوں گا کہ اللہ تعالیٰ کے ہاں راہب کا معاملہ سچا ہے یا ساحر کا۔ راوی کہتا ہے کہ اس لڑکے پتھر ہاتھ میں لیا اور کہا کہ اے اللہ اگر راہب کا دین سچا ہے تو یہ درندہ اس پتھر سے مر جائے۔ جب پتھر درندے کو مارا تو وہ مر گیا اور لوگوں کی آمد و رفت کے لیے راستہ کھل گیا۔ جب راہب کو اس بات کا پتا چلا تو لڑکے سے کہا کہ تو مجھ سے افضل ہے۔ تو کسی آزمائش میں مبتلا ہو سکتا ہے۔ اگر تو پکڑا جائے تو لوگوں کو میرا نام نہ بتانا۔ اب لڑکا مادرزاد نابینا کے لیے دعا کرتا تو وہ ٹھیک ہو جاتا۔ برص کے بیمار کے لیے دعا کرتا تو وہ اچھا ہو جاتا۔ الغرض جس قسم کے بیمار کے لیے دعا کرتا، وہ ٹھیک ہو جاتا۔ بادشاہ کے حاشیہ نشینوں میں سے ایک نابینا تھا۔ اس کو جب معلوم ہوا تو وہ بھی اس لڑکے کے پاس بہت کچھ قیمتی تحفے تحائف لے کر پہنچا اور لڑکے سے کہنے لگا کہ آپ مجھے شفا دیجیے۔ لڑکے نے کہا کہ شفا میں نہیں دیتا، بلکہ خداوند قدوس ہی شفا عطا دیتا ہے۔ اگر تو اس پر ایمان لے آئے گا تو میں اللہ تعالیٰ سے دعا کروں گا کہ وہ تجھے شفا دے دے چنانچہ وہ اللہ تعالیٰ پر ایمان لے آیا۔ لڑکے نے اس کے لیے دعا کی۔ اس کی بینائی لوٹ آئی۔ پھر وہ بادشاہ کے پاس گیا اور اس جگہ بیٹھ گیا جہاں روز بیٹھتا تھا۔ بادشاہ نے اسے بینا دیکھا تو پوچھا کہ تیری بینائی تجھ پر کس نے لوٹائی؟ کہنے لگا، ربی، میرے رب نے، بادشاہ نے کہا۔ میں نے؟ (یعنی کیا تو رب مجھ کو سمجھتا ہے)

اس نے کہا نہیں، بلکہ میرا اور تیرا رب تو اللہ ہی ہے۔ بادشاہ نے تعجب کرتے ہوئے پوچھا کہ کیا میرے سوا تیرا کوئی اور رب ہے؟ اس نے کہا جی ہاں میرا اور تیرا رب اللہ ہے۔ بادشاہ نے اس کو اذیتیں دینا شروع کر دیں اور تفتیش جاری رکھی۔ آخر کار اس شخص نے اس لڑکے کے متعلق بتلا دیا۔ جس کی دعا اس کی بینائی لوٹ آئی تھی۔ بادشاہ نے اس کو بلوایا اور پوچھا کہ تو جادو میں اتنا ماہر ہو گیا کہ مادر زاد نابینا اور کوڑھ کے بیمار کو بھی صحت یاب بنا دیتا ہے؟ اس لڑکے نے کہا کہ میں کسی کو شفا نہیں دیتا، بلکہ اللہ تعالیٰ ہی سب بیماروں کو شفا دیتا ہے۔ بادشاہ نے کہا کیا وہ میں ہوں؟ اس لڑکے نے کہا نہیں۔ بادشاہ نے پوچھا کیا میرے سوا تیرا کوئی اور رب ہے؟ اس نے کہا میرا اور تیرا رب اللہ ہی ہے۔ بادشاہ نے اس کو بھی اذیتیں دینا شروع کر دیں۔ یہاں تک کہ اس نے راہب کے متعلق بتا دیا (کہ یہ سب کچھ میں نے ان سے سیکھا ہے)۔ بادشاہ نے راہب کو بلوایا اور کہا کہ اپنا دین چھوڑ دے، لیکن راہب اپنے دین پر قائم رہا تو اس کے سر پر آری رکھی، یہاں تک کہ اس کے دو ٹکڑے کر دیے، پھر اپنے درباری سابق نابینا سے کہا کہ تو بھی اس دین کو چھوڑ دے۔ لیکن اس کے انکار پر اس کے بھی دو ٹکڑے کر دیے۔ لڑکے کے متعلق کچھ لوگوں سے کہا کہ اس کو پہاڑ کی چوٹی پر لے جاؤ۔ اس دین سے انکار کرے تو فبہا، ورنہ اس کو پہاڑ کی بلندی سے گرا کر ہلاک کر دو۔ جب وہ لوگ اس کو لے کر پہاڑ پر چڑھ گئے تو اس

نے دعا مانگی۔ اللھم اکفنیم بما شئت۔ اے اللہ تو کسی انداز سے ان لوگوں کے مقابلہ میں میری کفایت و مدد فرمال۔ پہاڑ پہ زلزلہ آیا۔ وہ سب کے سب ہلاک ہو گئے اور لڑکا صحیح سالم واپس آگیا۔ بادشاہ نے پوچھا کہ تیرے ساتھیوں کا کیا بنا۔ لڑکے نے کہا کہ ان کے مقابلہ میں اللہ تعالیٰ نے میری مدد فرمائی۔ اور وہ ہلاک ہو گئے۔ بادشاہ نے لوگوں کی ایک اور جماعت کے ساتھ اس لڑکے کو ایک بڑی کشتی میں روانہ کر دیا اور لوگوں سے کہا کہ جب تم دریا کے اندر یعنی گہرائی تک چلے جاؤ تو اس کہہ دینا کہ اپنے دین سے پھر جائے، ورنہ اس کو دریا میں غرق کر کے ہلاک کر دینا۔ وہ لوگ اس کو لے گئے۔ اس لڑکے نے وہی دعا کی۔ اللہ تعالیٰ نے ان سب کو غرق کر دیا اور لڑکا صحیح سالم بادشاہ کے پاس واپس آگیا۔ بادشاہ کے پوچھنے پر لڑکے نے کہا کہ اللہ تعالیٰ نے میری مدد فرمائی اور ان سب کو ہلاک کر دیا۔ پھر لڑکے نے بادشاہ سے کہا کہ جو طریقہ میں تمہیں بتلاؤں گا وہ اپنا کر ہی تم مجھ کو مار سکتے ہو ورنہ نہیں۔ بادشاہ نے پوچھا وہ کیا ہے؟ لڑکے نے کہا وہ یہ ہے کہ آپ تمام لوگوں کو ایک جگہ جمع کریں اور مجھے کسی شہتیر نما لکڑی پر لٹکا دیں اور میرے ہی ترکش سے تیر لے کر میری طرف پھینکیں۔ پھینکتے وقت یہ دعا پڑھیں بسم اللہ رب الغلام۔ یعنی اس اللہ کے نام سے جو اس لڑکے کا رب ہے۔ اگر یوں کرو گے تو مجھے مارنے میں کامیاب ہو جاؤ گے۔ بادشاہ نے ایسا ہی کیا اور تیر لڑکے کی کنپٹی پر لگا۔ وہ شہید ہو گیا۔ اس وقت اس نے اپنا ہاتھ زخمی کنپٹی

پر رکھا ہوا تھا۔ اب تمام لوگ یک زبان بول اٹھے۔ اٰمنا برب الغلام۔ ہم سب ایمان لے آئے لڑکے کے رب پر۔ درباریوں نے بادشاہ سے کہا کہ لیجیے جس چیز سے آپ ڈر رہے تھے وہی ہوا۔ سارے لوگ مسلمان ہو گئے۔ تمام لوگوں کو اسلام سے اور دین حق سے پھیرنے کے لیے بادشاہ نے جگہ جگہ گلیوں اور کوچوں میں خندقیں کھدوائیں۔ ان میں آگ جلائی گئی۔ لوگوں سے کہا جاتا تھا کہ یا تو دین حق سے پھر جاؤ ورنہ خندق میں ڈال دیے جانے کے لیے تیار ہو جاؤ۔ آخر میں ایک ایسی عورت آئی جس کی گود میں دودھ پیتا بچہ تھا اس کی وجہ سے وہ گھبرا رہی تھی کہ اپنی جان کی تو خیر ہے لیکن اس معصوم کو لے کر آگ میں کیسے کودوں گی۔ بحکم خداوندی وہ نونہال بول پڑا۔ اصبری یا اماہ فانک علی الحق۔ اماں جان صبر کیجیے۔ بیشک آپ حق پر ہیں (یعنی میری پروا کیے بغیر ایمان کی حفاظت کے لیے تجھ کو آگ کی خندق میں کود پڑنا چاہیے۔ (ابن کثیر تفسیر سورۃ البروج)

اِنَّ الَّذِيْنَ فَتَنُوا الْمُؤْمِنِيْنَ الخ:

یہاں سے اب ضابطہ کلیہ بتادیا کہ جو بھی ایمان والوں کو اذیتیں دیں گے اور بغیر ایمان و توبہ کے ان کی موت آئے گی تو ایسے لوگوں کو شدید عذاب کا سامنا کرنا پڑے گا۔

واللہ اعلم۔

***

۸۶۔ سورۃ الطارق

طارق سے مراد یا تو ایک خاص تارا ہے جو مغرب کی جانب غروب آفتاب کے فوراً
بعد نکلتا ہے۔ یا اس سے مراد رات کو آنے والا مہمان ہے۔

بسم اللہ الرحمن الرحیم

وَالسَّمَاء وَالطَّارِقِ ﴿١﴾ وَمَا أَدْرَاكَ مَا الطَّارِقُ ﴿٢﴾ النَّجْمُ الثَّاقِبُ
﴿٣﴾ إِن كُلُّ نَفْسٍ لَّمَّا عَلَيْهَا حَافِظٌ ﴿٤﴾ فَلْيَنظُرِ الْإِنسَانُ مِمَّ خُلِقَ
﴿٥﴾ خُلِقَ مِن مَّاء دَافِقٍ ﴿٦﴾ يَخْرُجُ مِن بَيْنِ الصُّلْبِ وَالتَّرَائِبِ
﴿٧﴾ إِنَّهُ عَلَى رَجْعِهِ لَقَادِرٌ ﴿٨﴾ يَوْمَ تُبْلَى السَّرَائِرُ ﴿٩﴾ فَمَا لَهُ
مِن قُوَّةٍ وَلَا نَاصِرٍ ﴿١٠﴾ وَالسَّمَاء ذَاتِ الرَّجْعِ ﴿١١﴾ وَالْأَرْضِ
ذَاتِ الصَّدْعِ ﴿١٢﴾ إِنَّهُ لَقَوْلٌ فَصْلٌ ﴿١٣﴾ وَمَا هُوَ بِالْهَزْلِ
﴿١٤﴾ إِنَّهُمْ يَكِيدُونَ كَيْدًا ﴿١٥﴾ وَأَكِيدُ كَيْدًا ﴿١٦﴾ فَمَهِّلِ
الْكَافِرِينَ أَمْهِلْهُمْ رُوَيْدًا ﴿١٧﴾

ترجمہ:

شروع اللہ کے نام سے جو بڑا مہربان نہایت رحم والا ہے۔

۱. آسمان کی قسم ہے اور رات کو آنے والے کی۔ ۲. اور آپ کو کیا معلوم رات کو آنے والا کیا ہے۔ ۳. وہ چمکتا ہوا ستارہ ہے۔ ۴. ایسی کوئی بھی جان نہیں کہ جس پر ایک محافظ مقرر نہ ہو۔ ۵. پس انسان کو دیکھنا چاہیے کہ وہ کس چیز سے پیدا کیا گیا ہے۔ ۶. ایک اچھلتے ہوئے پانی سے پیدا کیا گیا ہے۔ ۷. جو پیٹھ اور سینے کی ہڈیوں کے درمیان سے نکلتا ہے۔ ۸. بے شک وہ اس کے لوٹانے پر قادر ہے۔ ۹. جس دن بھید ظاہر کیے جائیں گے۔ ۱۰. تو اس کے لیے نہ کوئی طاقت ہو گی اور نہ کوئی مددگار۔ ۱۱. آسمان اور بارش والے کی قسم ہے۔ ۱۲. اور زمین کی جو پھٹ جاتی ہے۔ ۱۳. بے شک قرآن قطعی بات ہے۔ ۱۴. اور وہ ہنسی کی بات نہیں ہے۔ ۱۵. بے شک وہ ایک تدبیر کر رہے ہیں۔ ۱۶. اور میں بھی ایک تدبیر کر رہا ہوں۔ ۱۷. پس کافروں کو تھوڑے دنوں کی مہلت دے دو۔

مِنۢ بَيْنِ الصُّلْبِ وَالتَّرَآئِبِ :

بعض کے نزدیک پورا جسم مراد ہے کیونکہ وہ پیٹھ اور سینے کے درمیان ہے اور بعض کے ہاں صلب سے مراد باپ کی پشت اور ترائب سے مراد ماں کی چھاتیاں ہیں۔ سورۃ بروج کے آخر میں بھی قرآن کریم کا ذکر تھا اور سورۃ طارق کے آخر میں بھی قرآن کریم کا ذکر ہے۔

يَوْمَ تُبْلَى السَّرَآئِرُ:

صحیح بخاری اور مسلم کی روایت ہے کہ حضور اکرم ﷺ نے فرمایا جس شخص نے دنیا میں جس نوعیت کا دھوکا کیا ہوگا اس نوعیت کا جھنڈا اس کے سرین پر لگا ہوگا اور ساتھ ساتھ ایک بتانے والا ہوگا جو اس غدر اور گناہ کے متعلق لوگوں کو بتاتا پھرے گا۔

وَالسَّمَآءِ ذَاتِ الرَّجْعِ:

اگر چلنے اور حرکت کرنے کے معنی میں ہو تو مطلب یہ ہوگا کہ وہ آسمان جو حرکت والا ہے یعنی ایک جگہ سے حرکت شروع کرتا ہے۔ گھومتے گھومتے پھر اسی جگہ آجاتا ہے۔ جیسا کہ صاحب بیضاوی نے لکھا ہے، لیکن یہ نظریہ آج کل کی سائنس کے خلاف ہے۔ یا مراد مطر اور بارش ہے کہ بار بار آسمان سے بارشیں برستی ہیں واللہ اعلم۔

***

۸۷۔ سورۃ الاعلیٰ

نبی کریم صلی اللہ علیہ وآلہٖ وسلم اس سورت سے بہت محبت فرماتے تھے۔ (مسند احمد)
اور نبی کریم اس سورت کو نماز جمعہ و عیدین میں پڑھتے تھے۔ (مسلم، ترمذی)

بسم الله الحمن الرحيم

سَبِّحِ اسْمَ رَبِّكَ الْأَعْلَى ﴿١﴾ الَّذِي خَلَقَ فَسَوَّى ﴿٢﴾ وَالَّذِي قَدَّرَ
فَهَدَى ﴿٣﴾ وَالَّذِي أَخْرَجَ الْمَرْعَى ﴿٤﴾ فَجَعَلَه غُثَاء أَحْوَى ﴿٥﴾
سَنُقْرِؤُكَ فَلاَ تَنسَى ﴿٦﴾ إِلاَّ مَا شَاء اللَّه إِنَّه يَعْلَمُ الْجَهرَ وَمَا يَخْفَى
﴿٧﴾ وَنُيَسِّرُكَ لِلْيُسْرَى ﴿٨﴾ فَذَكِّرْ إِن نَّفَعَتِ الذِّكْرَى ﴿٩﴾
سَيَذَّكَّرُ مَن يَخْشَى ﴿١٠﴾ وَيَتَجَنَّبُها الْأَشْقَى ﴿١١﴾ الَّذِي يَصْلَى
النَّارَ الْكُبْرَى ﴿١٢﴾ ثُمَّ لاَ يَمُوتُ فِيها وَلاَ يَحْيَى ﴿١٣﴾ قَدْ أَفْلَحَ
مَن تَزَكَّى ﴿١٤﴾ وَذَكَرَ اسْمَ رَبِّه فَصَلَّى ﴿١٥﴾ بَلْ تُؤْثِرُونَ الْحَيَاة

الدُّنْيَا ﴿١٦﴾ وَالْآخِرَةُ خَيْرٌ وَأَبْقَى ﴿١٧﴾ إِنَّ هَذَا لَفِي الصُّحُفِ الْأُولَى ﴿١٨﴾ صُحُفِ إِبْرَاهِيمَ وَمُوسَى ﴿١٩﴾

ترجمہ:

شروع اللہ کے نام سے جو بڑا مہربان نہایت رحم والا ہے۔
۱۔ اپنے رب کے نام کی تسبیح کیا کر جو سب سے اعلیٰ ہے۔ ۲۔ وہ جس نے پیدا کیا پھر ٹھیک بنایا۔ ۳۔ اور جس نے اندازہ ٹھہرایا پھر راہ دکھائی۔ ۴۔ اور وہ جس نے چارہ نکالا۔ ۵۔ پھر اس کو خشک چورا سیاہ کر دیا۔ ۶۔ البتہ ہم آپ کو پڑھائیں گے پھر آپ نہ بھولیں گے۔ ۷۔ مگر جو اللہ چاہے بے شک وہ ہر ظاہر اور چھپی بات کو جانتا ہے۔ ۸۔ اور ہم آپ کو آسان شریعت کے سمجھنے کی توفیق دیں گے۔ ۹۔ پس آپ نصیحت کیجیئے اگر نصیحت فائدہ دے۔ ۱۰۔ جو اللہ سے ڈرتا ہے وہ جلدی سمجھ جائے گا۔ ۱۱۔ اور اس سے بڑا بد نصیب الگ رہے گا۔ ۱۲۔ جو سخت آگ میں داخل ہو گا۔ ۱۳۔ پھر اس میں نہ تو مرے گا اور نہ جیئے گا۔ ۱۴۔ بے شک وہ کامیاب ہوا جو پاک ہو گیا۔ ۱۵۔ اور اپنے رب کا نام یاد کیا پھر نماز پڑھی۔ ۱۶۔ بلکہ تم تو دنیا کی زندگی کو ترجیح دیتے ہو۔ ۱۷۔ حالانکہ

آخرت بہتر اور زیادہ پائدار ہے۔ ۱۸. بے شک یہی پہلے صحیفوں میں ہے۔ ۱۹. یعنی) ابراہیم اور موسیٰ کے صحیفوں میں۔

إِلَّا مَا شَاءَ اللَّهُ:

یہ استثناء یا تو نسخ سے متعلق ہے یعنی آپ کے پاس جو وحی آئے گی وہ آپ بھولیں گے نہیں، مگر جس حصے کو اللہ تعالیٰ منسوخ فرمانا چاہیں۔ وہ آپ کو چھوڑنا پڑے گی خواہ تلاوۃً ہو یا حکماً یا اس استثناء کا تعلق اختیار خداوندی سے ہے کہ آپ وحی کے کسی حصہ کو نہیں بھولیں گے۔ یہ اللہ تعالیٰ کا فضل ہے کہ وہ اس وحی کو آپ کے دل و دماغ میں محفوظ کر لیتا ہے، ورنہ وہ اس بات پہ بدستور قادر ہے کہ آپ سے کسی حصے کو بھلا دے۔

ثُمَّ لَا يَمُوتُ فِيهَا وَلَا يَحْيَىٰ

یہاں ارتفاع نقیضین یعنی دو متضاد چیزوں کا یکجا ہونے کا سوال نہ کیا جائے کیونکہ دونوں کی جہتیں مختلف ہیں۔ واللہ اعلم۔

***

۸۸۔ سورۃ الغاشیۃ

سورۃ اعلیٰ کے ساتھ اس سورت کو بھی نبی کریم ﷺ جمعہ و عیدین میں پڑھتے تھے
الغَاشِیَۃِ قیامت کے ناموں میں سے ایک نام ہے۔ لفظی معنی ہیں ڈھانپنے والی۔
قیامت یقیناً ہر اعتبار سے لوگوں کو ڈھانپ لے گی۔

بسم الله الرحمن الرحيم

هلْ أَتَاكَ حَدِيثُ الْغَاشِيَة ﴿١﴾ وُجُوه يَوْمَئِذٍ خَاشِعَة ﴿٢﴾ عَامِلَة
نَّاصِبَة ﴿٣﴾ تَصْلَى نَارًا حَامِيَة ﴿٤﴾ تُسْقَى مِنْ عَيْنٍ آنِيَة ﴿٥﴾
لَّيْسَ لَهمْ طَعَامٌ إِلاَّ مِن ضَرِيعٍ ﴿٦﴾ لاَ يُسْمِنُ وَلاَ يُغْنِي مِن جُوعٍ
﴿٧﴾ وُجُوه يَوْمَئِذٍ نَّاعِمَة ﴿٨﴾ لِسَعْيِها رَاضِيَة ﴿٩﴾ فِي جَنَّة عَالِيَة
﴿١٠﴾ لاَ تَسْمَعُ فِيها لاَغِيَة ﴿١١﴾ فِيها عَيْنٌ جَارِيَة ﴿١٢﴾ فِيها
سُرُرٌ مَّرْفُوعَة ﴿١٣﴾ وَأَكْوَابٌ مَّوْضُوعَة ﴿١٤﴾ وَنَمَارِقُ مَصْفُوفَة
﴿١٥﴾ وَزَرَابِيُّ مَبْثُوثَة ﴿١٦﴾ أَفَلاَ يَنظُرُونَ إِلَى الْإِبِلِ كَيْفَ

خُلِقَتْ ﴿١٧﴾ وَإِلَى السَّمَاءِ كَيْفَ رُفِعَتْ ﴿١٨﴾ وَإِلَى الْجِبَالِ
كَيْفَ نُصِبَتْ ﴿١٩﴾ وَإِلَى الْأَرْضِ كَيْفَ سُطِحَتْ ﴿٢٠﴾ فَذَكِّرْ
إِنَّمَا أَنتَ مُذَكِّرٌ ﴿٢١﴾ لَّسْتَ عَلَيْهِم بِمُصَيْطِرٍ ﴿٢٢﴾ إِلَّا مَن تَوَلَّى
وَكَفَرَ ﴿٢٣﴾ فَيُعَذِّبُهُ اللَّهُ الْعَذَابَ الْأَكْبَرَ ﴿٢٤﴾ إِنَّ إِلَيْنَا إِيَابَهُمْ
﴿٢٥﴾ ثُمَّ إِنَّ عَلَيْنَا حِسَابَهُمْ ﴿٢٦﴾

ترجمہ:

شروع اللہ کے نام سے جو بڑا مہربان نہایت رحم والا ہے۔

کیا آپ کے پاس سب پر چھا جانے والی (قیامت) کا حال پہنچا۔ ۲. کئی چہروں پر اس دن ذلت برس رہی ہوگی۔ ۳. محنت کرنے والے تھکنے والے۔ ۴. دھکتی ہوئی آگ میں کریں گے۔ ۵. انہیں ابلتے ہوئے چشمے سے پلایا جائے گا۔ ۶. ان کے لیے کوئی کھانا سوائے کانٹے دار جھاڑی کے نہ ہوگا۔ ۷. جو نہ فربہ کرتی ہے اور نہ بھوک کو دور کرتی ہے۔ ۸. کئی منہ اس دن ہشاش بشاش ہوں گے۔ ۹. اپنی کوشش سے خوش ہوں گے۔ ۱۰. اونچے باغ میں ہوں گے۔ ۱۱. وہاں کوئی لغو بات نہیں سنیں گے۔ ۱۲. وہاں ایک چشمہ جاری ہو گا۔ ۱۳. وہاں اونچے اونچے تخت ہوں گے۔ ۱۴. اور

آبخورے سامنے چنے ہوئے۔ ۱۵. اور گاؤ تکیے قطار سے لگے ہوئے۔ ۱۶. اور مخملی فرش بچھے ہوئے۔ ۱۷. پھر کیا وہ اونٹوں کی طرف نہیں دیکھتے کہ کیسے بنائے گئے ہیں۔ ۱۸. اور آسمان کی طرف کہ کیسے بلند کیے گئے ہیں۔ ۱۹. اور پہاڑوں کی طرف کہ کیسے کھڑے کیے گئے ہیں۔ ۲۰. اور زمین کی طرف کہ کیسے بچھائی گئی ہے۔ ۲۱. پس آپ نصیحت کیجئے بے شک آپ تو نصیحت کرنے والے ہیں۔ ۲۲. آپ ان پر کوئی داروغہ نہیں ہیں۔ ۲۳. مگر جس نے منہ موڑا اور انکار کیا۔ ۲۴. سو اسے اللہ بہت بڑا عذاب دے گا۔ ۲۵. بے شک ہماری طرف ہی ان کو لوٹ کر آنا ہے۔ ۲۶. پھر ہمارے ہی ذمہ ان کا حساب لینا ہے۔

عَامِلَةٌ نَّاصِبَةٌ: تَصلی نَارًا حَامِيَةً:

بہت سے لوگ اعمال شاقہ کرنے کے باوجود جہنم میں چلے جائیں گے۔ جیسا کہ بہت سے غیر مسلم ریاضتیں کرتے ہیں۔ اس میں ان مسلمانوں کے لیے بھی تنبیہ ہے جو خلاف سنت اعمال کرتے اور بدعات کی بھرمار کے ساتھ اعمال شاقہ کرتے ہیں۔ حضرت ابن کثیر نے لکھا ہے کہ حضرت فاروق اعظم ایک گرجا گھر کے قریب سے گزر رہے تھے۔ وہاں کے راہب کو آواز دی۔ جب وہ دروازہ پر آیا تو حضرت فاروق اعظم اس کو دیکھ کر رونے لگے۔ لوگوں نے وجہ پوچھی تو فرمایا مجھ کو قرآن کریم کی

مذکورہ بالا آیت یاد آگئی ہے۔ وہی مجھے رلا رہی ہے۔ مقصد یہ تھا کہ یہ شخص گرجا میں ریاضتیں اور مشقتیں کر رہا ہے، لیکن ایمان نہ لانے کی وجہ سے اس کی تمام ریاضتیں اکارت ہیں۔ (ابن کثیر)

اَفَلَا یَنۡظُرُوۡنَ اِلَی الۡاِبِلِ کَیۡفَ خُلِقَتۡ:

یہاں سے الوہیت باری تعالیٰ اور توحید باری تعالیٰ پر عقلی دلائل ہیں کہ ذرا غور کرو کہ اللہ تعالیٰ نے ایک ہی اونٹ میں تمہارے لیے کیا فوائد رکھے ہیں۔ اتنا بڑا عجیب الخلقت جانور ہے لیکن ایک بچہ اس کی مہار پکڑ کر جہاں مرضی ہو لے جائے۔ پھر دوران سفر وہ کتنی صعوبتیں برداشت کرتا ہے اور کتنے لق و دق صحراؤں کو گرمی میں سردی میں طے کرتا ہے۔ پھر تم اونٹنیوں کا دودھ کام میں لاتے ہو۔ گوشت کھاتے ہو، بال بھی کام میں لاتے ہو، یہ اللہ تعالیٰ کی قدرت کی نشانیوں میں سے ایک نشانی ہے۔ اسی طرح آسمان زمین اور پہاڑ ہیں جن میں سینکڑوں فوائد ہیں۔ مسند احمد میں بروایت حضرت انس سے منقول ہے کہ حضرت انس فرماتے ہیں کہ ہمیں تو حضور سے زیادہ سوالات سے منع کیا گیا تھا۔ لہذا ہمیں یہ بات بہت اچھی لگتی تھی کہ دیہاتی لوگ آ کر حضور سے سوالات کریں اور ہم سنیں تو ایک دیہاتی حضور صلی اللہ علیہ وآلہ وسلم کے پاس آیا اور پوچھا کہ اے محمد آپ کا فرستادہ ہمارے پاس آیا اور ہمیں یہ بات بتلائی کہ آپ کا یہ خیال ہے کہ اللہ تعالیٰ نے آپ کو رسول بنا کر بھیجا ہے۔ حضور نے فرمایا اس نے سچ کہا۔ سائل

نے پوچھا کہ آسمان کو کس نے پیدا کیا؟ حضور نے فرمایا اللہ تعالیٰ نے۔ پھر پوچھا زمین کس نے پیدا کی؟ آپ نے فرمایا اللہ تعالیٰ نے۔ سائل نے پوچھا پہاڑوں کو زمین پر کس نے نصب کیا اور جو کچھ پہاڑوں میں ہیں ان کو کس نے بنایا؟ آپ نے فرمایا اللہ تعالیٰ نے۔ تو سائل نے کہا میں آپ کو اس اللہ کا واسطہ دے کر جس نے آسمان و زمین کو پیدا فرمایا اور پہاڑوں کو زمین پر نصب فرمایا۔ کیا واقعی اللہ تعالیٰ نے آپ کو رسول بنا کر بھیجا ہے؟ آپ نے فرمایا ہاں۔ سائل نے پوچھا آپ کے فرستادہ نے یہ بھی ہمیں بتلایا ہے کہ رات دن ہم پر پانچ نمازیں فرض ہیں؟ حضور نے فرمایا اس نے سچ کہا۔ سائل نے پوچھا میں آپ کو اس اللہ کا واسطہ دے کر پوچھتا ہوں جس نے آپ کو رسول بنا کر بھیجا ہے۔ کیا اللہ تعالیٰ نے آپ کو ان پانچ نمازوں کا حکم دیا ہے؟ آپ نے فرمایا ہاں۔ سائل نے کہا آپ کے فرستادہ نے یہ بھی کہا ہے کہ ہم پر ہمارے مالوں میں زکوٰۃ فرض ہے۔ حضور نے فرمایا اس نے سچ کہا۔ سائل نے کہا میں آپ کو اس اللہ کا واسطہ دے کر پوچھتا ہوں جس نے آپ کو رسول بنا کر بھیجا ہے۔ کیا یہ حکم آپ کو اللہ تعالیٰ نے دیا ہے؟ آپ نے فرمایا ہاں۔ سائل نے کہا آپ کے فرستادہ نے ہمیں یہ بھی بتلایا ہے کہ جو حج کرنے کی استطاعت رکھتا ہو اس پر حج فرض ہے۔ حضور نے فرمایا اس نے سچ کہا۔ راوی کا بیان ہے کہ جب وہ جانے لگا تو کہا کہ قسم ہے اس ذات کی جس نے آپ کو حق دے کر بھیجا ہے۔ میں ان باتوں میں نہ اضافہ کروں گا

اور نہ کمی کروں گا۔ حضور نے فرمایا اگر اس نے سچ کہا تو یہ ضرور جنت میں چلا جائے گا۔ بہر حال مذکورہ بالا آیت میں خصوصیت سے چار چیزوں کو ذکر فرمایا گیا ہے۔ کیونکہ عرب لوگ اونٹوں پر سفر کرتے ہوئے زمین پر چلتے تے۔ اوپر آسمان ہوتا تھا اور ارد گرد پہاڑ ہوتے تھے۔ پھر اونٹ اہل جنت اور اہل جہنم دونوں کے لیے بطور مثال پیش کیا گیا ہے۔ یعنی اونٹ کے حالات سے اہل جنت اور اہل جہنم دونوں کے حالات کا استنباط کیا جا سکتا ہے جیسے اونٹ کو نکیل ڈال کر لے جایا جاتا ہے اسی طرح اہل جہنم زنجیروں اور بیڑیوں میں لے جائے جائیں گے اور جس طرح اونٹ خار دار و کانٹا دار درختوں کو کھاتا ہے پھر دوران سفر اگر سڑا ہوا بدبودار پانی بھی میسر آ جائے تو پیتا ہے اسی طرح اہل جہنم کو زقوم وغیرہ کھلایا جائے گا اور جہنم کا گرم پانی جہنمیوں کی پیپ وغیرہ پلائی جائے گی۔ لیکن اونٹ میں بہت سے منافع و فوائد بھی ہیں۔ اس کا اون کام آتا ہے۔ دودھ سے مکھن وغیرہ حاصل ہوتے ہیں۔ کھال بھی کار آمد ہے۔ اونٹ کی ہڈیاں بطور علاج بھی مستعمل ہیں۔ اس کا خشک گوبر جلا کر اس کی راکھ خون روکنے کے لیے مفید ہے۔ اونٹ کے یہ حالات اہل جنت کے حالات سے مشابہہ ہیں۔ اونٹ کئی دن کے لیے پانی کو ذخیرہ بھی کر لیتا ہے۔ خوراک بھی ذخیرہ کر لیتا ہے۔ اکثر غزوات اور غزوات کے علاوہ بھی حضور اور صحابہ کرام سفر اونٹ پر

فرماتے تھے اور عام جانوروں کے مقابلے میں یہ ایک جگہ نہیں بلکہ تین جگہ ذبح ہوتا ہے۔ جسے ذبح نہیں بلکہ نحر کہا جاتا ہے۔ واللہ اعلم۔

***

۸۹۔ سورۃ الفجر

سورۃ غاشیہ میں قیامت کے دن کا بیان تھا کہ اس دن لوگوں کے دو طبقے ہوں گے۔ ایک اہل جہنم ہوں گے۔ تصلی نارا سے وہ طبقہ مراد ہے۔ دوسرا طبقہ اہل جنت کا ہوگا۔ وجوہ یومئذ ناعمۃ۔ میں اس کی طرف اشارہ ہے۔ اسی طرح سورۃ فجر میں یومئذ یتذکر الانسان وانی لہ الذکری میں نافرمان انسان کا ذکر ہے اور یا ایتہا النفس الخ میں نفس مطمئنہ رکھنے والے مومنوں کا ذکر ہے۔

سورۃ فجر اصل میں ایک شبہ کے ازالہ کے لیے نازل کی گئی ہے۔ اس کا خلاصہ یہ ہے کہ انسان اگر اعمال صالحہ کرتا ہے تو اللہ تعالیٰ کی شان الوہیت اور شان ربوبیت میں کوئی اضافہ نہیں ہوتا۔ اسی طرح انسان کے معاصی اور سیئات سے اللہ تعالیٰ کی شان متاثر نہیں ہوتی، نہ ہی اس کے رحمت کے خزانے متاثر ہوتے ہیں۔ ایک صحیح حدیث میں اس کی طرف اشارہ موجود ہے۔ دوسری بات یہ ہے کہ اللہ تعالیٰ کو انسان کے تمام اعمال واحوال کا علم ہے۔ پھر جزا و سزا کا کیا مطلب ہے؟ یعنی جزا و سزا کا کیا مطلب ہے؟ یعنی جزا و سزا میں نہ تو اللہ تعالیٰ کا فائدہ ہے، نہ نقصان؟ تو اس سورۃ میں اس شبہہ

کا ازالہ ہے کہ اللہ تعالیٰ کمال علم اور کمال قدرت کے ساتھ حکیم بھی تو ہے، لہذا جزا و سزا کے قانون میں بہت ساری حکمتیں ہیں۔

انسان کے تین احوال ہیں۔ دنیا، برزخ، آخرت۔ دنیا میں انسان محتاج ہے۔ بہت ساری حاجتیں اور کمزوریاں اس کے ساتھ لگی ہوئی ہیں۔ اس کے ساتھ ساتھ یہ آخرت کے لیے توشہ جمع کرنے کا مکلف ہے کہ ایمان کے ساتھ اعمال صالحہ جمع کرتا رہے۔ برزخ جو کہ بعد الموت اور قبل قیام الساعۃ کا درمیانی عرصہ ہے۔ اس عرصہ میں اعمال و مشاغل تو نہیں ہیں خود کچھ عمل نہیں کر سکتا۔ نہ اعمال خیر نہ شر، لیکن اعمال میں اضافے کا تسلسل جاری رہتا ہے۔ اگر اس نے کوئی ایسا کار خیر کیا جو متعدی ہے تو مرنے کے بعد بھی اس کار خیر کی برکت سے اس کے اعمال صالحہ میں اضافہ ہوتا رہے گا۔ جیسا کہ صحیح احادیث سے یہ مضمون ثابت ہے اور اگر خدانخواستہ انسان نے اپنی زندگی میں کوئی برا عمل شروع کیا جو متعدی تھا۔ اس کی دیکھا دیکھی لوگ اس کو کرنے لگے تو مرنے کے بعد بھی اس کے گناہوں اور سیئات میں اضافہ ہوتا رہے گا۔ جیسا کہ ہر قتل ناحق میں سے گناہ کا کچھ حصہ قابیل کو پہنچتا ہے۔ کیونکہ وہ دنیا میں قتل ناحق کا موجد تھا۔ جب قیامت کا وقت ہو گا تو انسان مکمل طور پر فارغ ہو جائے گا۔ اعمال صالحہ یا معاصی وغیرہ میں اضافہ مکمل طور پر بند ہو جائے گا۔ گویا تمام اعمال پر مہر لگ جائے گی۔ اب تو جزا و سزا کا میدان ہے جس کا ایک عرصہ سے انتظار تھا۔

جیسا کہ ان ربک لبا لمرصاد سے معلوم ہوتا ہے۔ الغرض انسان کا دنیا میں آنا پھر کچھ عرصہ برزخ میں اور پھر قیامت کے دن حساب کتاب کے لیے دربار خداوندی میں کھڑا ہونا، اس میں بہت ساری حکمتیں ہیں جن سے اصل مقصد انسان کی ابتلا اور آزمائش ہے۔ اما شاکرا واما کفورا۔ اب قیامت آنے کے لیے لوگ منتظر ہیں کہ نہ معلوم کب آجائے، لیکن آئے گی ضرور اور راسخ العقیدہ لوگ اس کے انتظار میں ہیں۔ اللہ تعالیٰ نے سورۃ فجر میں جتنی چیزوں کی قسمیں کھائی ہیں ان سب کا انتظار کیا جاتا ہے۔

بسم اللہ الرحمن الرحیم

وَالْفَجْرِ ﴿١﴾ وَلَيَالٍ عَشْرٍ ﴿٢﴾ وَالشَّفْعِ وَالْوَتْرِ ﴿٣﴾ وَاللَّيْلِ إِذَا
يَسْرِ ﴿٤﴾ هلْ فِي ذَلِكَ قَسَمٌ لِّذِي حِجْرٍ ﴿٥﴾ أَلَمْ تَرَ كَيْفَ فَعَلَ
رَبُّكَ بِعَادٍ ﴿٦﴾ إِرَمَ ذَاتِ الْعِمَادِ ﴿٧﴾ الَّتِي لَمْ يُخْلَقْ مِثْلُهَا فِي الْبِلَادِ
﴿٨﴾ وَثَمُودَ الَّذِينَ جَابُوا الصَّخْرَ بِالْوَادِ ﴿٩﴾ وَفِرْعَوْنَ ذِي الْأَوْتَادِ
﴿١٠﴾ الَّذِينَ طَغَوْا فِي الْبِلَادِ ﴿١١﴾ فَأَكْثَرُوا فِيهَا الْفَسَادَ ﴿١٢﴾
فَصَبَّ عَلَيْهِمْ رَبُّكَ سَوْطَ عَذَابٍ ﴿١٣﴾ إِنَّ رَبَّكَ لَبِالْمِرْصَادِ ﴿١٤﴾

فَأَمَّا الْإِنسَانُ إِذَا مَا ابْتَلَاهُ رَبُّهُ فَأَكْرَمَهُ وَنَعَّمَهُ فَيَقُولُ رَبِّي أَكْرَمَنِ
﴿١٥﴾ وَأَمَّا إِذَا مَا ابْتَلَاهُ فَقَدَرَ عَلَيْهِ رِزْقَهُ فَيَقُولُ رَبِّي أَهَانَنِ
﴿١٦﴾ كَلَّا بَل لَّا تُكْرِمُونَ الْيَتِيمَ ﴿١٧﴾ وَلَا تَحَاضُّونَ عَلَى طَعَامِ
الْمِسْكِينِ ﴿١٨﴾ وَتَأْكُلُونَ التُّرَاثَ أَكْلًا لَّمًّا ﴿١٩﴾ وَتُحِبُّونَ الْمَالَ
حُبًّا جَمًّا ﴿٢٠﴾ كَلَّا إِذَا دُكَّتِ الْأَرْضُ دَكًّا دَكًّا ﴿٢١﴾ وَجَاءَ رَبُّكَ
وَالْمَلَكُ صَفًّا صَفًّا ﴿٢٢﴾ وَجِيءَ يَوْمَئِذٍ بِجَهَنَّمَ يَوْمَئِذٍ يَتَذَكَّرُ الْإِنسَانُ
وَأَنَّى لَهُ الذِّكْرَى ﴿٢٣﴾ يَقُولُ يَا لَيْتَنِي قَدَّمْتُ لِحَيَاتِي ﴿٢٤﴾
فَيَوْمَئِذٍ لَّا يُعَذِّبُ عَذَابَهُ أَحَدٌ ﴿٢٥﴾ وَلَا يُوثِقُ وَثَاقَهُ أَحَدٌ ﴿٢٦﴾
يَا أَيَّتُهَا النَّفْسُ الْمُطْمَئِنَّةُ ﴿٢٧﴾ ارْجِعِي إِلَى رَبِّكِ رَاضِيَةً مَّرْضِيَّةً
﴿٢٨﴾ فَادْخُلِي فِي عِبَادِي ﴿٢٩﴾ وَادْخُلِي جَنَّتِي ﴿٣٠﴾

ترجمہ:

شروع اللہ کے نام سے جو بڑا مہربان نہایت رحم والا ہے۔

۱. فجر کی قسم ہے۔ ۲. اور دس راتوں کی۔ ۳. اور جفت اور طاق کی۔ ۴. اور رات کی جب وہ گزر جائے۔ ۵. ان چیزوں کی قسم عقلمندوں کے واسطے معتبر ہے۔ ۶. کیا آپ نے

نہیں دیکھا کہ آپ کے رب نے عاد کے ساتھ کیا سلوک کیا۔ ۷۔ جو نسل ارم سے ستونوں والے تھے۔ ۸۔ کہ ان جیسا شہروں میں پیدا نہیں کیا گیا۔ ۹۔ اور ثمود کے ساتھ جنہوں نے پتھروں کو وادی میں تراشا تھا۔ ۱۰۔ اور فرعون میخوں والوں کے ساتھ۔ ۱۱۔ ان سب نے ملک میں سرکشی کی۔ ۱۲۔ پھر انہوں نے بہت فساد پھیلایا۔ ۱۳۔ پھر ان پر تیرے رب نے عذاب کا کوڑا پھینکا۔ ۱۴۔ بے شک آپ کا رب تاک میں ہے۔ ۱۵۔ لیکن انسان تو ایسا ہے کہ جب اسے اس کا رب آزماتا ہے پھر اسے عزت اور نعمت دیتا ہے تو کہتا ہے کہ میرے رب نے مجھے عزت بخشی ہے۔ ۱۶۔ لیکن جب اسے آزماتا ہے پھر اس پر اس کی روزی تنگ کرتا ہے تو کہتا ہے میرے رب نے مجھے ذلیل کر دیا۔ ۱۷۔ ہرگز نہیں بلکہ تم یتیم کی عزت نہیں کرتے۔ ۱۸۔ اور نہ مسکین کو کھانا کھلانے کی ترغیب دیتے ہو۔ ۱۹۔ اور میت کا ترکہ سب سمیٹ کر کھا جاتے ہو۔ ۲۰۔ اور مال سے بہت زیادہ محبت رکھتے ہو۔ ۲۱۔ ہرگز نہیں جب زمین کوٹ کوٹ کر ریزہ ریزہ کر دی جائے گی۔ ۲۲۔ اور آپ کے رب کا (تخت) آ جائے گا اور فرشتے بھی صف بستہ چلے آئیں گے۔ ۲۳۔ اور اس دن دوزخ لائی جائے گی اس دن انسان سمجھے گا اور اس وقت اس کو سمجھنا کیا فائدہ دے گا۔ ۲۴۔ کہے گا اے کاش میں اپنی زندگی کے لیے کچھ آگے بھیجتا۔ ۲۵۔ پس اس دن اس کا سا عذاب کوئی بھی نہ دے گا۔ ۲۶۔ اور نہ اس کے جکڑنے کے برابر کوئی جکڑنے والا ہو گا۔ ۲۷۔ ارشاد ہو گا (اے اطمینان والی روح۔ ۲۸۔

اپنے رب کی طرف لوٹ چل تو اس سے راضی وہ تجھ سے راضی۔ ۲۹. پس میرے بندوں میں شامل ہو۔ ۳۰. اور میری جنت میں داخل ہو۔

والفجر:

فجر سے مراد معروف وقت ہے۔ فجر کا انتظار اکثر حیوانات چرند، پرند اور انسانوں کو ہوتا ہے حتیٰ کہ فقیر اور مسکین بھی بھیک مانگنے کے لیے فجر کے منتظر رہتے ہیں۔

وَلَيَالٍ عَشْرٍ:

اور دس راتوں کی قسم۔ دس راتوں سے مراد یا تو ذی الحجہ کی ابتدائی دس راتیں ہیں جن کا سال بھر حجاج کرام اور دیگر لوگوں کو انتظار رہتا ہے۔ ایک حدیث میں ہے کہ ذی الحج کی ابتدائی دس راتوں میں اعمال کی جتنی فضیلت ہے اور کسی رات میں نہیں ہے یا دس راتوں سے مراد محرم الحرام کی ابتدائی دس راتیں ہیں یا رمضان المبارک کا پہلا عشرہ مراد ہے۔ اس کا بھی سال بھر لوگوں کو انتظار رہتا ہے۔

وَّالشَّفْعِ وَالْوَتْرِ:

حضرت جابر سے روایت ہے کہ حضور اکرم صلی اللہ علیہ وآلہ وسلم نے فرمایا کہ، ولیال عشر، سے مراد ذی الحج کی دس راتیں ہیں۔ الوتر سے مراد عرفہ اور الشفع سے مراد یوم النحر۔ ۲، حضرت عطا سے منقول ہے کہ شفع اور وتر سے مراد اللہ تعالیٰ کی مخلوق ہے جو شفع بھی

ہے اور وتر بھی۔ وتر سے مراد خود اللہ تعالیٰ ہیں اور شفع سے مراد اس کی مخلوق ہے۔ جیسا کہ ایک حدیث میں ہے،ان اللہ وتر یحب الوتر یا شفع اور وتر سے مراد عدد ہے جس میں جفت اور طاق دونوں ہوتے ہیں۔ حضرت عمران بن حصین کی روایت میں ہے کہ شفع اور وتر سے مراد نماز ہے۔ اس میں جفت بھی ہے جیسے فجر، ظہر وغیرہ اور طاق بھی ہے جیسے مغرب اور وتر نمازیں۔ نوٹ : توجیہ ۲ میں شفع سے مراد جو یوم عرفہ ہے وہ آنے والی رات سمیت مراد ہے۔

وَالَّيْلِ اِذَا يَسْرِ:

رات کے چلنے سے مراد یا تو وہ چیزیں ہیں جو رات میں چلتی ہیں۔ لہذا ظرف کا ذکر ہے، مگر اس سے مراد مظروف ہے جیسے کہا جاتا ہے،نہارہ صائم ولیلہ قائم۔ اس کا دن روزہ دار اور اس کی رات قیام کرنے والی ہے۔ مراد یہ ہے کہ وہ شخص دن کو روزہ دار اور اس کی رات قیام کرنے والی ہے۔ مراد یہ ہے کہ وہ شخص دن کو روزہ اور رات کو شب بیداری کرتا ہے یا مراد مزدلفہ کی رات ہے۔

اَلَمْ تَرَ كَيْفَ فَعَلَ رَبُّكَ بِعَادٍ:

اِرَمَ، عاد سے بدل ہے۔ ارم اور عاد اس قوم کے بڑوں میں سے ہیں ان کے نام پر ایک شہر بنایا گیا تھا۔ آگے،التی ،جو اسم موصول اور مثلھا میں ضمیر مونث ہے وہ باعتبار قبیلہ ہے۔ قوم عاد کی طرف اللہ تعالیٰ نے حضرت ہود کو مبعوث فرمایا تھا، لیکن

ان لوگوں نے نافرمانی کی اور اللہ کے رسول کی بات نہیں مانی۔ اس کا نتیجہ یہ ہوا کہ اللہ تعالیٰ نے ایک شدید طوفان اور آندھی سے ان کو ہلاک کر دیا اور قیامت تک آنے والے انسانوں کے لیے باعث عبرت بنا دیا۔ یہ لوگ بڑے قد آور اور زبردست تھے، لیکن نافرمانی سے عذاب خداوندی کا شکار ہو گئے۔ اسی طرح قوم ثمود اور قوم فرعون کا حال ہوا کہ مسلسل نافرمانیوں کی وجہ سے اللہ تعالیٰ نے ان کو ہلاک کر دیا۔

وَجِایْٓءَ یَوْمَئِذٍۢ بِجَهَنَّمَ:

صحیح مسلم کی ایک روایت میں ہے۔ یوتی الجہنم یومئذ لها سبعون الف زمام و مع كل زمام سبعون الف ملک۔ قیامت کے دن جہنم اس طرح لائی جائے گی کہ اس کو ستر ہزار لگام دیے گئے ہوں گے اور ہر لگام کے ساتھ ستر ہزار فرشتے ہوں گے۔

یٰٓاَیَّتُهَا النَّفْسُ الْمُطْمَئِنَّةُ:

بعض مفسرین نے لکھا ہے کہ یہ خطاب قیامت کے دن ایمان والوں سے کیا ہو جائے گا اور ان کو خوشخبری دی جائے گی، لیکن زیادہ راجح یہ ہے کہ یہ خطاب موت کے وقت خوش قسمت اور خوش بخت لوگوں سے ہوتا ہے جیسا کہ ایک حدیث میں ہے کہ فرشتے جب مومن کی روح قبض کرتے ہیں تو جنت کے کفن اور خوشبو ساتھ لے کر آتے ہیں اور اس کو کہتے ہیں اخرجی الی روح و ریحان ورب غير غضبان۔ وہ شان

عظمت و وقار کے ساتھ اس کی روح قبض کرتے ہیں۔ پھر اسی عظمت و شان کے ساتھ اس کو لے جاتے ہیں۔ اس کی نماز جنازہ، تجہیز و تدفین میں ہزاروں فرشتے شریک ہوتے ہیں۔اللہم اجعلنا منہم

***

٩٠- سورة البلد

بسم الله الرحمن الرحيم

لَا أُقْسِمُ بِهَذَا الْبَلَدِ ﴿١﴾ وَأَنتَ حِلٌّ بِهَذَا الْبَلَدِ ﴿٢﴾ وَوَالِدٍ وَمَا وَلَدَ ﴿٣﴾ لَقَدْ خَلَقْنَا الْإِنسَانَ فِي كَبَدٍ ﴿٤﴾ أَيَحْسَبُ أَن لَّن يَقْدِرَ عَلَيْهِ أَحَدٌ ﴿٥﴾ يَقُولُ أَهْلَكْتُ مَالًا لُّبَدًا ﴿٦﴾ أَيَحْسَبُ أَن لَّمْ يَرَهُ أَحَدٌ ﴿٧﴾ أَلَمْ نَجْعَل لَّهُ عَيْنَيْنِ ﴿٨﴾ وَلِسَانًا وَشَفَتَيْنِ ﴿٩﴾ وَهَدَيْنَاهُ النَّجْدَيْنِ ﴿١٠﴾ فَلَا اقْتَحَمَ الْعَقَبَةَ ﴿١١﴾ وَمَا أَدْرَاكَ مَا الْعَقَبَةُ ﴿١٢﴾ فَكُّ رَقَبَةٍ ﴿١٣﴾ أَوْ إِطْعَامٌ فِي يَوْمٍ ذِي مَسْغَبَةٍ ﴿١٤﴾ يَتِيمًا ذَا مَقْرَبَةٍ ﴿١٥﴾ أَوْ مِسْكِينًا ذَا مَتْرَبَةٍ ﴿١٦﴾ ثُمَّ كَانَ مِنَ الَّذِينَ آمَنُوا وَتَوَاصَوْا بِالصَّبْرِ وَتَوَاصَوْا بِالْمَرْحَمَةِ ﴿١٧﴾ أُولَئِكَ أَصْحَابُ الْمَيْمَنَةِ ﴿١٨﴾ وَالَّذِينَ كَفَرُوا بِآيَاتِنَا هُمْ أَصْحَابُ الْمَشْأَمَةِ ﴿١٩﴾ عَلَيْهِمْ نَارٌ مُّؤْصَدَةٌ ﴿٢٠﴾

ترجمہ:

شروع اللہ کے نام سے جو بڑا مہربان نہایت رحم والا ہے۔

۱. اس شہر کی قسم ہے۔ ۲. حالانکہ آپ اس شہر میں مقیم ہیں۔ ۳. اور باپ کی اور اس کی اولاد کی قسم ہے۔ ۴. کہ بے شک ہم نے انسان کو مصیبت میں پیدا کیا ہے۔ ۵. کیا وہ خیال کرتا ہے کہ اس پر کوئی بھی ہر گز قابو نہ پا سکے گا۔ ۶. کہتا ہے کہ میں نے مال برباد کر ڈالا۔ ۷. کیا وہ خیال کرتا ہے کہ اسے کسی نے بھی نہیں دیکھا۔ ۸. کیا ہم نے اس کے لیے دو آنکھیں نہیں بنائیں۔ ۹. اور زبان اور دو ہونٹ۔ ۱۰. اور ہم نے اسے دونوں راستے دکھائے۔ ۱۱. پس وہ (دین کی) گھاٹی میں سے نہ ہو کر نکلا۔ ۱۲. اور آپ کو کیا معلوم کہ وہ گھاٹی کیا ہے۔ ۱۳. گردن کا چھڑانا۔ ۱۴. یا بھوک کے دن میں کھلانا۔ ۱۵. کسی رشتہ دار یتیم کو۔ ۱۶. یا کسی خاک نشین مسکین کو۔ ۱۷. پھر وہ ان میں سے ہو جو ایمان لائے اور انہوں نے ایک دوسرے کو صبر کی وصیت کی اور رحم کرنے کی وصیت کی۔ ۱۸. یہی لوگ دائیں والے ہیں۔ ۱۹. اور جنھوں نے ہماری آیتوں سے انکار کیا وہی بائیں والے ہیں۔ ۲۰. انہیں پر چاروں طرف سے بند کی ہوئی آگ ہے۔

وَوَالِدٍ وَّمَا وَلَدَ:

والد سے مراد حضرت آدم اور ولد سے مراد تمام ابن آدم ہیں۔

اَہلَکتُ مَالًا لُّبَدًا:

اس میں ولید بن مغیرہ جیسے ناشکروں کی طرف اشارہ ہے۔ جن لوگوں کا مال راہ خدا میں خرچ ہوتا ہے وہ خوش قسمت ہیں اور جن لوگوں کا مال فاسد میں جیسے رقص و سرود، سینما بینی، فواحش اور شراب نوشی وغیرہ میں خرچ ہوتا ہے وہ بڑے بد بخت ہیں۔

اَلَم نَجعَل لَّہٗ عَینَینِ، وَلِسَانًا وَّشَفَتَینِ:

آنکھیں اللہ تعالیٰ کی بڑی نعمت ہیں۔ ان سے انسان کے ہزاروں اعمال صالحہ وابستہ ہیں۔ اسی طرح زبان کا حال ہے۔ تلاوت، ذکر اللہ، ہر کلمہ خیر جو انسان کہتا ہے وہ زبان سے متعلق ہے۔ اسی طرح ہونٹ ہیں۔ ہونٹ منہ کے لیے زینت بھی ہیں۔ اگر ہونٹ نہ ہوں تو دانت بدنما نظر آئیں گے اور شفتین منہ کے لیے ساتر بھی ہیں۔ یعنی منہ کے لیے پردے کی حیثیت رکھتے ہیں۔ اگر ہونٹ نہ ہوں تو ہر چیز گرد و غبار وغیرہ براہ راست منہ میں جائے گی۔ اسی طرح بہت سے حروف شفوی ہیں ہونٹ کے بغیر ادا نہیں ہوتے۔ ہونٹ کے بغیر بانسری بھی نہیں بجائی جا سکتی۔ جس پھل کے اندر گٹھلی ہو، آپ ہونٹوں کے ساتھ گٹھلی وغیرہ بلا تکلف باہر پھینک دیتے ہیں۔ بچہ ماں کے پیٹ سے پیدا ہوتے ہی ہونٹوں کی مدد سے دودھ چوسنا شروع کر دیتا

ہے۔ بہر حال اللہ تعالیٰ کی ایک ایک نعمت میں متعدد فوائد ہیں۔ تھوڑے سے تدبر اور غور و تفکر سے بہت سے سر بستہ راز آپ پر کھل سکتے ہیں۔ فتامل۔ واللہ اعل۔

***

۹۱۔ سورۃ الشمس

بسم الله الرحمن الرحيم

وَالشَّمْسِ وَضُحَاهَا ﴿١﴾ وَالْقَمَرِ إِذَا تَلاَهَا ﴿٢﴾ وَالنَّهَارِ إِذَا جَلاَّهَا
﴿٣﴾ وَاللَّيْلِ إِذَا يَغْشَاهَا ﴿٤﴾ وَالسَّمَاء وَمَا بَنَاهَا ﴿٥﴾ وَالْأَرْضِ
وَمَا طَحَاهَا ﴿٦﴾ وَنَفْسٍ وَمَا سَوَّاهَا ﴿٧﴾ فَأَلْهَمَهَا فُجُورَهَا وَتَقْوَاهَا
﴿٨﴾ قَدْ أَفْلَحَ مَن زَكَّاهَا ﴿٩﴾ وَقَدْ خَابَ مَن دَسَّاهَا ﴿١٠﴾
كَذَّبَتْ ثَمُودُ بِطَغْوَاهَا ﴿١١﴾ إِذِ انبَعَثَ أَشْقَاهَا ﴿١٢﴾ فَقَالَ لَهُمْ
رَسُولُ اللَّهِ نَاقَةَ اللَّهِ وَسُقْيَاهَا ﴿١٣﴾ فَكَذَّبُوهُ فَعَقَرُوهَا فَدَمْدَمَ عَلَيْهِمْ
رَبُّهُم بِذَنبِهِمْ فَسَوَّاهَا ﴿١٤﴾ وَلاَ يَخَافُ عُقْبَاهَا ﴿١٥﴾

ترجمہ:

شروع اللہ کے نام سے جو بڑا مہربان نہایت رحم والا ہے۔

۱. سورج کی اور اس کی دھوپ کی قسم ہے۔ ۲. اور چاند کی جب وہ اس کے پیچھے آئے۔ ۳. اور دن کی جب وہ اس کو روشن کر دے۔ ۴. اور رات کی جب وہ اس کو ڈھانپ لے۔ ۵. اور آسمان کی اور اس کی جس نے اس کو بنایا۔ ٦. اور زمین اور اس کی جس نے اس کو بچھایا۔ ۷. اور جان کی اور اس کی جس نے اس کو درست کیا۔ ۸. پھر اس کو اس کی بدی اور نیکی سمجھائی۔ ۹. بے شک وہ کامیاب ہوا جس نے اپنی روح کو پاک کر لیا۔ ۱۰. اور بے شک وہ غارت ہوا جس نے اس کو آلودہ کر لیا۔ ۱۱. ثمود نے اپنی سرکشی سے (صالح کو) جھٹلایا تھا۔ ۱۲. جب کہ ان کا بڑا بدبخت اٹھا۔ ۱۳. پس ان سے اللہ کے رسول نے کہا کہ اللہ کی اونٹنی اور اس کے پانی پینے کی باری سے بچو۔ ۱۴. پس انہوں نے اس کو جھٹلایا اور اونٹنی کی کونچیں کاٹ ڈالیں پھر ان پر ان کے رب نے ان کے گناہوں کے بدلے ہلاکت نازل کی پھر ان کو برابر کر دیا۔ ۱۵. اور اس نے اس کے انجام کی پروا نہ کی۔

وَالشَّمْسِ وَضُحَاهَا ::: وَنَفْسٍ وَمَا سَوَّاهَا

اس سورت میں اللہ تعالیٰ نے سات چیزوں کی قسم کھائی ہے اور ساتوں اپنے نفع کے اعتبار سے عام ہیں اور بعض چیزیں براہ راست وقوع قیامت پر دلالت کر رہی ہیں جیسے رات کے بعد صبح کا روشن ہونا اور غروب آفتاب کے بعد سورج کا دوبارہ طلوع ہونا۔

جیسے سونے کے بعد دوبارہ جاگنا ایک نئی زندگی ہے۔ اسی طرح قیامت کے دن لوگوں کو دوبارہ زندہ کیا جائے گا۔

فَأَلْهَمَهَا فُجُورَهَا وَتَقْوَاهَا

جس طرح پیچھے سورۃ بلد میں گزر چکا کہ اللہ تعالیٰ نے خیر اور شر کے دونوں راستے دکھا دیے۔ اسی طرح حضرت ابن عباس سے مذکورہ بالا آیت کی تفسیر میں منقول ہے کہ اللہ تعالیٰ نے ہر نفس میں ایک استعداد رکھی ہے۔ جس کے ذریعہ وہ بھلے برے کی تمیز کرتا ہے۔ جیسا کہ دنیا کی چیزوں کے متعلق عام مشاہدہ ہے کہ بسا اوقات نیم پاگل لوگ بھی اپنے فائدے کے ہر بات سمجھتے ہیں اور ہر فیصلہ اپنے حق میں کرتے ہیں۔ عام انسان کو اللہ تعالیٰ نے یہ الہام فرمایا ہے کہ وہ خیر و شر کو سمجھ سکے تاکہ جبریہ کی طرح بے عقل لوگ یہ اعتراض نہ کر سکیں کہ انسان تو مجبور محض تھا، لہٰذا اس کو کسی گناہ اور جرم پر سزا نہیں ہونی چاہیے۔

ایک صحابی نے نبی کریم ﷺ سے پوچھا تھا کہ انسان جو عمل کرتے ہیں یہ تقدیر کے طے شدہ فیصلہ کی روشنی میں کرتے ہیں یا یہ ہے کہ جو کچھ یہ کر رہے ہیں وہ اب لکھا جاتا ہے اور پہلے سے کچھ نہیں ہے؟ حضور نے فرمایا تقدیر کے طے شدہ فیصلہ کے مطابق ہی لوگ عمل کرتے ہیں۔ اس نے پھر عرض کیا کہ پھر ہمارے عمل کرنے کا کیا فائدہ؟ (یعنی جو کچھ تقدیر میں لکھا جا چکا ہے، ہونا تو وہی ہے تو پھر ہم عمل کریں یا نہ

کریں بظاہر تو اس پر فلاح و خسران موقوف نہیں ہیں)۔ حضور نے ارشاد فرمایا کہ اللہ تعالیٰ نے جس شخص کو (جنت جہنم میں سے) جس جگہ کے لیے پیدا فرمایا ہے اس کے لیے اس طرف چلنا آسان فرما دیتے ہیں (ابن کثیر)

قَدْ أَفْلَحَ مَن زَكَّاهَا

اللہ تعالیٰ نے ساتھ چیزوں کی جو قسمیں کھائی تھیں۔ قد افلح ان قسموں کے لیے جواب قسم ہے اور طوالت کلام سے بچنے کے لیے لام تاکید کو حذف کر دیا گیا ہے۔ واللہ اعلم۔

***

۹۲۔ سورۃ اللیل

دونوں سورتوں میں مناسبت ظاہر ہے سورۃ الشمس میں بھی نہار کی قسم کھائی گئی تھی اور یہاں بھی۔ وہاں بھی نفس کی دونوں قسموں کا بیان ہوا تھا کہ بعض نفوس تو تقویٰ اور خیرات کے خوگر ہیں اور بعض فسق و فجور و معاصی کے عادی ہیں۔ پھر ان دونوں قسم کے اعمال پر مرتب ہونے والے نتائج کا وہاں بھی بیان ہوا تھا اور یہاں بھی بیان ہوا ہے۔ اسی طرح وہاں ایک بدبخت کا بیان تھا جس کا نام 'قدار'' تھا اس نے حضرت صالحؑ کی اونٹنی کے کونچے کاٹ ڈالے تھے اور یہاں بھی ایک بہت بڑے بدبخت کا ذکر ضمناً آیا ہے یعنی امیہ بن خلف کا جو حضرت بلال کا مالک تھا اور ان کو طرح طرح سے ستاتا تھا۔ ایک بار حضرت ابو بکرؓ نے بلال کو ظلم کی اس چکی میں پستے دیکھا تو امیۃ بن خلف سے کہنے لگے۔

الا تتقی اللہ فی ھذا المسکین۔

کیا اس مسکین کے متعلق خدا سے نہیں ڈرتا؟ وہ کہنے لگا، انت افسدتہ فانقذہ مما تری۔ یعنی تو ہی نے تو اس کو (مسلمان کرکے) خراب کیا ہے۔ لہذا اب اگر ہمت ہے تو اسے چھڑا لے۔ حضرت ابو بکر نے بلال کے عوض ایک غیر مسلم غلام امیہ کو دے دیا اور حضرت بلال کو آزاد کرا لیا۔

بسم الله الرحمن الرحيم

وَاللَّيْلِ إِذَا يَغْشَى ﴿١﴾ وَالنَّهارِ إِذَا تَجَلَّى ﴿٢﴾ وَمَا خَلَقَ الذَّكَرَ
وَالْأُنثَى ﴿٣﴾ إِنَّ سَعْيَكُمْ لَشَتَّى ﴿٤﴾ فَأَمَّا مَن أَعْطَى وَاتَّقَى ﴿٥﴾
وَصَدَّقَ بِالْحُسْنَى ﴿٦﴾ فَسَنُيَسِّرُه لِلْيُسْرَى ﴿٧﴾ وَأَمَّا مَن بَخِلَ
وَاسْتَغْنَى ﴿٨﴾ وَكَذَّبَ بِالْحُسْنَى ﴿٩﴾ فَسَنُيَسِّرُه لِلْعُسْرَى
﴿١٠﴾ وَمَا يُغْنِي عَنْه مَالُه إِذَا تَرَدَّى ﴿١١﴾ إِنَّ عَلَيْنَا لَلْهدَى
﴿١٢﴾ وَإِنَّ لَنَا لَلْآخِرَة وَالْأُولَى ﴿١٣﴾ فَأَنذَرْتُكُمْ نَارًا تَلَظَّى ﴿١٤﴾
لَا يَصْلَاهَا إِلَّا الْأَشْقَى ﴿١٥﴾ الَّذِي كَذَّبَ وَتَوَلَّى ﴿١٦﴾
وَسَيُجَنَّبُهَا الْأَتْقَى ﴿١٧﴾ الَّذِي يُؤْتِي مَالَه يَتَزَكَّى ﴿١٨﴾ وَمَا لِاَحَدٍ

عِندَهُ مِن نِّعْمَةٍ تُجْزَىٰ ﴿١٩﴾ إِلَّا ابْتِغَاءَ وَجْهِ رَبِّهِ الْأَعْلَىٰ ﴿٢٠﴾
وَلَسَوْفَ يَرْضَىٰ ﴿٢١﴾

ترجمہ:

شروع اللہ کے نام سے جو بڑا مہربان نہایت رحم والا ہے۔

۱. رات کی قسم ہے جب کہ وہ چھا جائے۔ ۲. اور دن کی جبکہ وہ روشن ہو۔ ۳. اور اس کی قسم کہ جس نے نر و مادہ کو بنایا۔ ۴. بے شک تمہاری کوشش مختلف ہے۔ ۵. پھر جس نے دیا اور پرہیزگاری کی۔ ۶. اور نیک بات کی تصدیق کی۔ ۷. تو ہم اس کے لیے جنت کی راہیں آسان کر دیں گے۔ ۸. اور لیکن جس نے بخل کیا اور بے پرواہ رہا۔ ۹. اور نیک بات کو جھٹلایا۔ ۱۰. تو ہم اس کے لیے جہنم کی راہیں آسان کر دیں گے۔ ۱۱. اور اس کا مال اس کے کچھ بھی کام نہ آئے گا جب کہ وہ گھڑے میں گرے گا۔ ۱۲. بے شک ہمارے ذمے راہ دکھانا ہے۔ ۱۳. اور بے شک ہمارے ہی ہاتھ میں آخرت بھی اور دنیا بھی ہے۔ ۱۴. پس میں نے تمہیں بھڑکتی ہوئی آگ سے ڈرایا ہے۔ ۱۵. جس میں صرف وہی بدبخت داخل ہو گا۔ ۱۶. جس نے جھٹلایا اور منہ موڑا۔ ۱۷. اور اس آگ سے وہ بڑا پرہیزگار دور رہے گا۔ ۱۸. جو اپنا مال دیتا ہے تاکہ وہ پاک ہو جائے۔ ۱۹. اور

اس پر کسی کا کوئی احسان نہیں کہ جس کا بدلہ دیا جائے۔ ۲۰. وہ تو صرف اپنے سب سے برتر رب کی رضامندی کے لیے دیتا ہے۔ ۲۱. اور وہ عنقریب خوش ہو جائے گا۔

***

۹۳۔ سورۃ الضحیٰ

جب نزول وحی کا سلسلہ شروع ہوا پھر اللہ تعالیٰ نے حکمت بالغہ کے تحت اس کو کچھ عرصہ کے لیے بند فرما دیا۔ مشرکین کہنے لگے کہ محمد صلی اللہ علیہ وآلہٖ وسلم کو اس کے رب نے چھوڑ دیا ہے (العیاذ باللہ) انہی دنوں میں آپ کسی تکلیف کے باعث دو دن گھر ہی میں رہے۔ باہر تشریف نہ لائے۔ ایک عورت نے کہا کہ محمد کو اس کے شیطان نے چھوڑ دیا ہے۔ العیاذ باللہ۔ اس عورت کا خیال یہ تھا کہ آپ جو کچھ لوگوں کو بتلاتے اور سکھاتے ہیں، وہ آپ کو شیطان سکھاتا ہے (العیاذ باللہ) اللہ تعالیٰ نے سورۃ والضحی نازل فرمائی جس میں صراحتاً آپ کو تسلی دی گئی ہے کہ آپ کے رب نے نہ تو آپ کو رخصت کیا ہے اور نہ ہی آپ سے ناراض ہوا ہے۔ عنقریب اللہ تعالیٰ آپ کو اتنا کچھ عطا فرمائیں گے کہ آپ خوش ہو جائیں گے۔

ربط سورۃ واللیل سے اس سورۃ کا ظاہر ہے کہ وہاں بھی ایک بندے کو راضی کرنے کا بیان تھا اور وہ بندہ ابو بکر صدیقؓ تھے اور اس سورت میں بھی ایک بندہ کو راضی اور خوش کرنے کا بیان ہے اور وہ بندہ حضرت محمد صلی اللہ علیہ وآلہٖ وسلم ہیں۔ اسی طرح یہاں ضحی اور لیل کی قسمیں کھائی گئی ہیں اور وہاں بھی لیل و نہار کی قسمیں کھائی گئی ہیں۔

بسم الله الرحمن الرحیم

وَالضُّحَى ﴿١﴾ وَاللَّيْلِ إِذَا سَجَى ﴿٢﴾ مَا وَدَّعَكَ رَبُّكَ وَمَا قَلَى
﴿٣﴾ وَلَلْآخِرَةُ خَيْرٌ لَّكَ مِنَ الْأُولَى ﴿٤﴾ وَلَسَوْفَ يُعْطِيكَ رَبُّكَ
فَتَرْضَى ﴿٥﴾ أَلَمْ يَجِدْكَ يَتِيمًا فَآوَى ﴿٦﴾ وَوَجَدَكَ ضَالًّا فَهَدَى
﴿٧﴾ وَوَجَدَكَ عَائِلًا فَأَغْنَى ﴿٨﴾ فَأَمَّا الْيَتِيمَ فَلَا تَقْهَرْ ﴿٩﴾ وَأَمَّا
السَّائِلَ فَلَا تَنْهَرْ ﴿١٠﴾ وَأَمَّا بِنِعْمَةِ رَبِّكَ فَحَدِّثْ ﴿١١﴾

ترجمہ:

شروع اللہ کے نام سے جو بڑا مہربان نہایت رحم والا ہے۔

۱. دن کی روشنی کی قسم ہے۔ ۲. اور رات کی جب وہ چھا جائے۔ ۳. آپ کے رب نے نہ آپ کو چھوڑا ہے اور نہ بیزار ہوا ہے۔ ۴. اور البتہ آخرت آپ کے لیے دنیا سے بہتر ہے۔ ۵. اور آپ کا رب آپ کو (اتنا) دے گا کہ آپ خوش ہو جائیں گے۔ ۶. کیا اس نے آپ کو یتیم نہیں پایا تھا پھر جگہ دی۔ ۷. اور آپ کو (شریعت سے) بے خبر پایا پھر (شریعت کا) راستہ بتایا۔ ۸. اور اس نے آپ کو تنگدست پایا پھر غنی کر دیا۔

9۔ پھر یتیم کو دبایا نہ کرو۔ 10۔ اور سائل کو جھڑکا نہ کرو۔ 11۔ اور ہر حال میں اپنے رب کے احسان کا ذکر کیا کرو۔

اَلَمْ يَجِدْكَ يَتِيْمًا فَاٰوٰى

حضور ﷺ پر انعامات ثلاثہ اور ان کے شکر یے کا حکم۔

1۔ اَلْاِیواء بعد الیتم۔ یعنی یتیم ہونے کے باوجود اللہ تعالیٰ نے آپ کو ٹھکانہ نصیب فرمایا۔ آپ ابھی بطن مادر ہی میں تھے کہ والد کا سایہ عاطفت سر سے اٹھ گیا۔ پھر عمر مبارک چھ سال تھی کہ والدہ کی شفقت اور مہربانیوں سے محروم ہو گئے۔ اب اپنے دادا خواجہ عبدالمطلب کی کفالت میں آ گئے، لیکن دادا کا شفقت بھرا سایہ بھی آپ پر زیادہ دیر نہ رہ سکا۔ جب آپ کی عمر مبارک آٹھ سال ہوگئی تو خواجہ عبدالمطلب آپ کو حسرت بھری نظر سے دیکھتے دیکھتے انتقال کر گئے۔ ان کی وفات نے پہلے آپ کو نہایت وفادار و مہربان چچا ابو طالب کی سرپرستی میں دے دیا۔ پھر آپ مسلسل ان چچا کی سرپرستی میں رہے۔ یہاں تک کہ ہجرت سے کچھ عرصہ قبل ان کا بھی انتقال ہو گیا۔

2۔ اللہ تعالیٰ نے ابتدا ہی سے آپ کے قلب مبارک میں بت پرستی، شراب نوشی، جھوٹ دھوکا، قتل وغیرہ تمام صغائر و کبائر سے نفرت ڈال دی تھی۔ ماحول ان تمام

معاصی اور آلائشوں سے آلودہ تھا، لیکن آپ ان تمام گناہوں کو نفرت ہی کی نگاہ سے دیکھتے رہے۔ پھر جب آپ جوان ہو گئے تو اپنی قوم سمیت تمام انسانوں کی اصلاح کے لیے پریشان و سرگرداں تھے کہ ان کی اصلاح کن اصولوں کے تحت اور کس نہج پر کی جائے۔ کبھی گھر میں اور کبھی گھر سے باہر غار حرا وغیرہ میں آپ ان ہی سوچوں میں گم رہتے تھے۔ یہاں تک کہ اللہ تعالیٰ نے غار حرا میں بذریعہ حضرت جبریل آپ کو نبوت رسالت کا مژدہ سنایا۔ آپ انسانیت کی ہدایت کے لیے جس شریعت اور اصول کے متلاشی تھے۔ آپ کو ان کی باقاعدہ اطلاع ہو گئی۔ اسی شریعت کی روشنی میں آپ نے باقاعدہ دعوت و تبلیغ کا آغاز کر دیا۔ اور ۲۳ سال تک یہ سلسلہ برابر جاری رہا۔

۳۔ تیسرا انعام یہ ہے کہ آپ مفلس تھے۔ اللہ تعالیٰ نے آپ کو غنی کر دیا۔ حضور کے غنی ہونے کا یہ مطلب نہیں ہے کہ آپ نے مال جمع کیا ہو۔ جائیدادیں بنائی ہوں، بلکہ اس سے مراد دل کا غنی ہے جیسا کہ ایک حدیث میں ہے کہ غنی کثرت مال و ساز و سامان کا نام نہیں، بلکہ اصل غنی دل کا غنی ہے۔ حضور یہ دعا بھی فرمایا کرتے تھے اے اللہ مجھے مسکینوں میں موت دینا اور (قیامت کے دن) مسکینوں ہی میں مجھ کو اٹھانا۔

فَاَمَّا الْيَتِيْمَ فَلَا تَقْهَرْ:

اب انعامات ثلاثہ کا شکریہ ادا کرنے کا بیان ہے، لیکن لف نشر غیر مرتب ہے۔ کیونکہ مندرجہ بالا آیت کا تعلق انعام نمبر ا کے ساتھ ہے اور وَاَمَّا السَّاۗىِٕلَ فَلَا تَنْہَرْ اس کا تعلق انعام نمبر ۳ کے ساتھ ہے اگر دینے کے لیے کچھ ہو تو بندہ دے دے۔ ورنہ کہہ دے اللہ آپ کا بھلا کرے۔ سائل کو جھڑکنا اور اذیت پہچانا حرام ہے۔ حضرت گنگوہی نے لکھا ہے کہ سائل پیشہ ورنہ ہو۔ اگر پیشہ ور ہے تو چونکہ سوال کو پیشہ بنانا حرام ہے، لہذا ایسے سائل کو دینا بھی حرام ہے۔ یہ تعاون علی الاثم والعدوان ہے۔ ایک حدیث میں ہے قیامت کے دن مانگنے والوں کے چہروں پر گوشت نہ ہوگا اور وَاَمَّا بِنِعْمَةِ رَبِّكَ فَحَدِّثْ اس کا تعلق انعام نمبر ۲ کے ساتھ ہے۔ یعنی نبوت اور اصول شریعت جو اللہ تعالیٰ کی بہت بڑی نعمت ہیں۔ اب تمام شریعت کو خواہ از قبیل عقائد ہو یا اعمال از قبیل معاملات ہو یا اخلاقیات یہ لوگوں کے سامنے بیان کیا کیجیے۔ واللہ اعلم۔

***

۹۴۔ سورۃ الشرح

سابقہ سورت میں اللہ تعالیٰ نے ان انعامات کا ذکر فرمایا تھا جو حضور ﷺ پر کیے تھے۔ سورۃ الم نشرح کا مضمون بھی اسی کی ایک کڑی ہے۔ حتیٰ کہ بعض روافض تو ان دونوں سورتوں کے درمیان سے بسم اللہ ہٹا دیتے ہیں اور ان دونوں کو ایک سورت قرار دیتے ہیں۔ لیکن یہ بات عقل و نقل دونوں کے خلاف ہے۔ شرح صدر سے مراد عام بھی ہو سکتا ہے کہ اللہ تعالیٰ نے آپ کا سینہ دین کے لیے کھول دیا تھا اور خاص شق صدر کا واقعہ بھی مراد ہو سکتا ہے جو تقریباً چار دفعہ پیش آیا ہے۔

۱۔ جب آپ کی عمر مبارک ۴ سال تھی۔ حضرت حلیمہ کے ہاں شق صدر کا واقعہ ہوا تھا۔

۲۔ جب آپ کی عمر مبارک ۱۰ سال تھی۔

۳۔ جس رات آپ کو خلعت نبوت و رسالت پہنایا گیا۔

۴۔ شب معراج میں۔

بسم اللہ الرحمن الرحیم

أَلَمْ نَشْرَحْ لَكَ صَدْرَكَ ﴿١﴾ وَوَضَعْنَا عَنكَ وِزْرَكَ ﴿٢﴾ الَّذِي
أَنقَضَ ظَهْرَكَ ﴿٣﴾ وَرَفَعْنَا لَكَ ذِكْرَكَ ﴿٤﴾ فَإِنَّ مَعَ الْعُسْرِ يُسْرًا
﴿٥﴾ إِنَّ مَعَ الْعُسْرِ يُسْرًا ﴿٦﴾ فَإِذَا فَرَغْتَ فَانصَبْ ﴿٧﴾ وَإِلَىٰ
رَبِّكَ فَارْغَبْ ﴿٨﴾

ترجمہ:

شروع اللہ کے نام سے جو بڑا مہربان نہایت رحم والا ہے۔

۱. کیا ہم نے آپ کا سینہ نہیں کھول دیا۔ ۲. اور کیا آپ سے آپ کا وہ بوجھ نہیں اتار دیا۔ ۳. جس نے آپ کی کمر جھکا دی تھی۔ ۴. اور ہم نے آپ کا ذکر بلند کر دیا۔ ۵. پس بے شک ہر مشکل کے ساتھ آسانی ہے۔ ٦. بے شک ہر مشکل کے ساتھ آسانی ہے۔ ۷. پس جب آپ (تبلیغ احکام سے) فارغ ہوں تو ریاضت کیجئے۔ ۸. اور اپنے رب کی طرف دل لگائیے۔

وَرَفَعْنَا لَكَ ذِكْرَكَ:

حضور اکرم ﷺ نے فرمایا میرے پاس جبریل آئے اور کہنے لگے اللہ تعالیٰ ارشاد فرماتے ہیں کہ کیا آپ کو معلوم ہے کہ میں نے آپ کا آوازہ کیسے بلند کیا۔ میں نے کہا اللہ اعلم تو جبریل نے کہا کہ اللہ تعالیٰ نے کہا اذا ذکرت ذکرت معی۔ جہاں میرا ذکر ہوگا وہاں تیرا بھی ذکر ہوگا۔ جیسے اذان میں تکبیر میں اور عام محاوروں میں بھی جیسے کہتے کہ مدارس میں طلباء قال اللہ و قال رسول اللہ پڑھتے ہیں۔ وغیرہ وغیرہ۔ اسی طرح آسمانی کتب میں آپ ﷺ کا نام نامی عزت سے لکھا گیا ہے اور تمام مذاہب والے آپ ﷺ کا نام عزت سے لیتے ہیں۔

فَإِنَّ مَعَ الْعُسْرِ يُسْرًا ‎:إِنَّ مَعَ الْعُسْرِ يُسْرًا:

اصول فقہ کی کتابوں میں یہ ضابطہ لکھا ہوا ہے کہ جب معرفہ مکرر آتا ہے تو دوسرا پہلے کا عین ہوتا ہے اور جب نکرہ مکرر آتا ہے تو دوسرا پہلے کا غیر ہوتا ہے۔ لہذا یہاں دونوں جگہ عسر سے ایک ہی گرانی و مشقت مراد ہے جبکہ یسر سے الگ الگ دو سہولتیں مراد ہیں۔ اس ضمن میں ایک حدیث بھی ہے کہ حضور اکرم ﷺ نے فرمایا لن یغلب عسر یسرین۔ یعنی ایک مشقت دو راحتوں و سہولتوں پر غالب نہیں آ سکتی۔ لہذا ایمان والوں پر اگر کوئی آزمائش و تکلیف آ جاتی ہے تو اللہ تعالیٰ راحتیں بھی نصیب فرمائیں گے۔ گھبرانا نہیں چاہیے۔ واللہ اعلم۔

★★★

۹۵۔ سورة التين

بسم الله الرحمن الرحيم

وَالتِّينِ وَالزَّيْتُونِ ﴿١﴾ وَطُورِ سِينِينَ ﴿٢﴾ وَهذَا الْبَلَدِ الْأَمِينِ
﴿٣﴾ لَقَدْ خَلَقْنَا الإِنسَانَ فِي أَحْسَنِ تَقْوِيمٍ ﴿٤﴾ ثُمَّ رَدَدْنَاه أَسْفَلَ
سَافِلِينَ ﴿٥﴾ إِلاَ الَّذِينَ آمَنُوا وَعَمِلُوا الصَّالِحَاتِ فَلَهُمْ أَجْرٌ غَيْرُ
مَمْنُونٍ ﴿٦﴾ فَمَا يُكَذِّبُكَ بَعْدُ بِالدِّينِ ﴿٧﴾ أَلَيْسَ اللَّه بِأَحْكَمِ
الْحَاكِمِينَ ﴿٨﴾

ترجمہ:

شروع اللہ کے نام سے جو بڑا مہربان نہایت رحم والا ہے۔

۱. انجیر اور زیتون کی قسم ہے۔ ۲. اور طور سینا کی۔ ۳. اور اس شہر (مکہ) کی جو امن والا ہے۔ ۴. بے شک ہم نے انسان کو بڑے عمدہ انداز میں پیدا کیا ہے۔ ۵. پھر ہم نے اسے سب سے نیچے پھینک دیا ہے۔ ٦. مگر جو ایمان لائے اور نیک کام کئے سو ان کے لیے تو بے انتہا بدلہ ہے۔ ۷. پھر اس کے بعد آپ کو قیامت کے معاملہ میں کون جھٹلا سکتا ہے۔ ۸. کیا اللہ سب حاکموں سے بڑا حاکم نہیں (ضرور ہے۔

حضرت ابو ہریرہؓ فرماتے ہیں جو شخص سورۃ والتین کی تلاوت کرے تو آخری آیت کے جواب میں کہے۔ وانا علی ذالک لمن الشاھدین۔ واللہ اعلم۔

وَالتِّيْنِ وَالزَّيْتُوْنِ:

اس سورت میں اللہ تعالیٰ نے چار چیزوں کی قسم کھائی ہے اور جواب قسم یہ ہے کہ اللہ تعالیٰ نے انسان کو نہایت ہی خوبصورت سانچے میں ڈھال کر پیدا فرمایا ہے۔ تین اور زیتون سے مراد یا تو پھل ہیں یا وہ دو پہاڑ مراد ہیں جہاں زیتون و انجیر کی پیداوار زیادہ ہے۔ اس جگہ حضرت عیسیٰؑ مبعوث ہوئے تھے اور طور سینین وہ مقام ہے جہاں حضرت موسیٰؑ کو کلیم اللہ ہونے کا شرف نصیب ہوا تھا اور بلد امین میں حضرت محمد صلی اللہ علیہ وآلہ وسلم مبعوث ہوئے تھے۔ اس اعتبار سے مذکورہ تمام مقسم بہ اہمیت کے حامل ہیں۔

۱۔ زیتون کا پھل اور روغن دونوں چیزیں بڑی قیمتی اور متعدد فوائد پر مشتمل ہیں۔ اسی طرح انجیر میں ظاہری و روحانی بہت سے فوائد ہیں۔ انجیر غذا بھی ہے، دوا اور پھل بھی، سریع الہضم ہے۔ فاسد مادہ کو تحلیل کرنے پسینہ کے ذریعے خارج کر دیتا ہے۔ مخرج بلغم بھی ہے۔ کبد اور طحال کی بیماریوں کے لیے مفید ہے۔ سنگ مثانہ کو ریزہ ریزہ کر دیتا ہے۔ پھر یہ بھی ہے کہ بعض پھلوں کا چھلکا اور بعض کی گٹھلی پھینکی جاتی ہے، لیکن انجیر میں سے کوئی چیز پھینکی نہیں جاتی۔ پھر اس کے دانے ایسی ساخت میں بنے ہیں کہ ہر دانہ ایک لقمہ کے برابر ہے۔ دو دانے اکٹھے کھانے کی ضرورت نہیں ہے۔ ایک دفعہ نبی کریم ﷺ کی خدمت میں ایک صحابی نے انجیر کا بھرا ہوا تھال پیش کر دیا اور آپ نے صحابہ کرام میں تقسیم فرما دیا اور خود بھی تناول فرمایا۔ انجیر بہشتی میوہ ہے۔ جنت کی کھجوروں میں گٹھلی نہ ہوگی۔ روحانی فائدہ یہ ہے کہ انجیر کی فصل سال میں کئی بار ہوتی ہے اور اس کے باغات کھلے میدانوں میں اور پہاڑوں پر ہوتے ہیں۔

۲۔ زیتون مقوی معدہ ہے۔ بھوک لانے والی ہے۔ زیتون کا پھل پکا ہو تو اس سے آدمی سیر ہو جاتا ہے۔ مقوی اعصاب بھی ہے۔ اس کے بھی متعدد فوائد ہیں۔ جواب قسم یہ ہے کہ اللہ تعالیٰ نے انسان کو بہت خوبصورت بنایا ہے اور اس کی مرضی یہ ہے کہ انسان اعمال صالحہ کر کے جنت میں داخل ہو کہ اس کے قوائے جسمانی وہاں کم و کیف کے اعتبار سے اور زیادہ بڑھیں پھلیں پھولیں جیسا کہ دنیا میں تھا۔ انسانی جسم کا ہر

عضو اور عجیب و غریب خدوخال اس شعر کا مصداق ہیں۔ ففی کل شی لہ ایۃ۔ تدل علی انہ واحد۔ لیکن جب بڑھاپا آتا ہے تو تمام حسن و جمال کافور ہو جاتا ہے۔ چلنے سے قاصر، دیکھنے میں رکاوٹیں، سننے سے محروم، نہ معلوم کیا سے کیا کیا ہو جاتا ہے۔ بہر حال اگر انسان اعمال صالحہ کرے گا تو آنے والی منازل و مناظر میں یہ زیادہ قابل احترام ہو گا اور اس کی شان اور زیادہ بلند ہو گی اور سیات و معاصی سے اس مختصر زندگی کو آلودہ کیا تو اسف سافلین کی طرف لوٹایا جائے گا اور اس کا انجام جانوروں سے بدتر ہو گا۔ جیسا کہ ارشاد ہے الئک کالانعام بل ہم اضل الخ،

***

۹۶۔ سورۃ العلق

صحیحین میں بروایت حضرت عائشہ منقول ہے کہ حضور اکرم صلی اللہ علیہ وآلہٖ وسلم پر وحی کا سلسلہ سچے خوابوں کے ذریعہ شروع ہوا پھر آپ کو خلوت نشینی پسند آ گئی۔ آپ غار حرا میں تشریف لے جاتے چند دن وہاں عبادت میں مصروف رہتے پھر گھر آتے حضرت خدیجہ آپ کے ضروریات زندگی اور زادِ راہ کا انتظام فرما دیتیں۔ یہ سلسلہ جاری تھا کہ غار حرا میں آپ کے پاس فرشتہ آیا اور کہا کہ پڑھیے، آپ نے فرمایا کہ میں پڑھا ہوا نہیں ہوں حضور نے فرمایا کہ اس فرشتے نے مجھے زور سے بھینچا اور کہا پڑھیے۔ میں نے پھر وہی جواب دیا کہ میں پڑھا ہوا نہیں ہوں۔ تیسری بار خوب دبانے کے بعد اس فرشتے نے کہا اِقرَا بِاسمِ رَبِّکَ الَّذِی خَلَقَ (پانچ آیات تک) اس کی وجہ سے حضور صلی اللہ علیہ وآلہٖ وسلم کے جسدِ اطہر پر کپکپی طاری تھی کہ آپ گھر آ گئے اور حضرت خدیجہ سے فرمایا کہ مجھ کو کپڑا اڑھا دو۔ یقیناً میں اپنی جان کا اندیشہ محسوس کر رہا ہوں۔ حضرت خدیجہؓ

نے آپ کو تسلی دیتے ہوئے کہا کہ اللہ کی قسم اللہ تعالیٰ آپ کو ضائع نہ فرمائیں گے۔ کیونکہ مہمان نوازی، سچی گفتار، صلہ رحمی، بے سہاروں کا سہارا بننا اور مشکل وقت میں لوگوں کے ساتھ تعاون کرنا یہ صفات حمیدہ آپ میں موجود ہیں۔ پھر حضرت خدیجہ آپ کو لے کر حضرت ورقہ بن نوفل کے پاس گئیں۔ یہ حضرت خدیجہ کے چچازاد بھائی تھے۔ یہ عمر رسیدہ تھے اور آنکھوں سے نابینا ہو گئے تھے۔ آپ نے تورات وانجیل کا ترجمہ عربی زبان میں کیا تھا۔ انہوں نے حضور ﷺ سے جب غار حرا والا تمام واقعہ سنا تو کہنے لگے کہ یہ وہی فرشتہ ہے جو حضرت موسیٰؑ پر نازل ہوتا رہا ہے۔ کاش کہ مجھ طاقت ہوتی کہ آپ کا دست و بازو بنتا۔ خاص طور پر اس وقت جب آپ کی قوم آپ کو مکہ سے نکال باہر کرے گی۔ آپ نے تعجب کرتے ہوئے ارشاد فرمایا کہ کیا میری قوم مجھ کو نکال دے گی؟ حضرت ورقہ نے کہا، ہاں جو دین آپ لے کر آئے ہیں، اس کی دعوت جس نے بھی دی، قوم نے اس کو نکال دیا ہے۔ اگر میں نے وہ زمانہ پا لیا تو میں آپ کی بھرپور نصرت کروں گا۔ اس کے تھوڑا ہی عرصہ بعد حضرت ورقہ کا انتقال ہو گیا اور وحی کا نزول موقوف ہو گیا۔ جس کی وجہ سے حضور ﷺ بہت پریشان رہتے تھے۔ ایک اور روایت میں ہے کہ دوبارہ جب وحی کا نزول شروع ہوا تو پھر وحی مسلسل آتی رہی۔

بسم الله الرحمن الرحيم

اقْرَأْ بِاسْمِ رَبِّكَ الَّذِي خَلَقَ ﴿١﴾ خَلَقَ الْإِنسَانَ مِنْ عَلَقٍ ﴿٢﴾ اقْرَأْ
وَرَبُّكَ الْأَكْرَمُ ﴿٣﴾ الَّذِي عَلَّمَ بِالْقَلَمِ ﴿۴﴾ عَلَّمَ الْإِنسَانَ مَا لَمْ يَعْلَمْ
﴿۵﴾ كَلاَ إِنَّ الْإِنسَانَ لَيَطْغَى ﴿۶﴾ أَن رَّآه اسْتَغْنَى ﴿٧﴾ إِنَّ إِلَى
رَبِّكَ الرُّجْعَى ﴿٨﴾ أَرَأَيْتَ الَّذِي يَنْهى ﴿٩﴾ عَبْدًا إِذَا صَلَّى
﴿١٠﴾ أَرَأَيْتَ إِن كَانَ عَلَى الْهدَى ﴿١١﴾ أَوْ أَمَرَ بِالتَّقْوَى ﴿١٢﴾
أَرَأَيْتَ إِن كَذَّبَ وَتَوَلَّى ﴿١٣﴾ أَلَمْ يَعْلَمْ بِأَنَّ اللَّهَ يَرَى ﴿١۴﴾ كَلاَ
لَئِن لَّمْ يَنتَه لَنَسْفَعًا بِالنَّاصِيَة ﴿١۵﴾ نَاصِيَة كَاذِبَة خَاطِئَة ﴿١۶﴾
فَلْيَدْعُ نَادِيَه ﴿١٧﴾ سَنَدْعُ الزَّبَانِيَة ﴿١٨﴾ كَلاَ لاَ تُطِعْه وَاسْجُدْ
وَاقْتَرِبْ ﴿١٩﴾ ﴿سجده۔ ١۴﴾

ترجمہ:

شروع اللہ نام سے جو بڑا مہربان نہایت رحم والا ہے۔

۱. اپنے رب کے نام سے پڑھیئے جس نے سب کو پیدا کیا۔ ۲. انسان کو خون بستہ سے پیدا کیا۔ ۳. پڑھیئے اور آپ کا رب سب سے بڑھ کر کرم والا ہے۔ ۴. جس نے قلم سے سکھایا۔ ۵. انسان کو سکھایا جو وہ نہ جانتا تھا۔ ۶. ہر گز نہیں بے شک آدمی سرکش ہو جاتا ہے۔ ۷. جب کہ اپنے آپ کو غنی پاتا ہے۔ ۸. بے شک آپ کے رب ہی کی طرف لوٹ کر جانا ہے۔ ۹. کیا آپ نے اس کو دیکھا جو منع کرتا ہے۔ ۱۰. ایک بندے کو جب کہ وہ نماز پڑھتا ہے۔ ۱۱. بھلا دیکھو تو سہی اگر وہ راہ پر ہوتا۔ ۱۲. یا پرہیز گاری سکھاتا۔ ۱۳. بھلا دیکھو تو سہی اگر اس نے جھٹلایا اور منہ موڑ لیا۔ ۱۴. تو کیا وہ نہیں جانتا کہ اللہ دیکھ رہا ہے۔ ۱۵. ہر گز ایسا نہیں چاہیئے اگر وہ باز نہ آیا تو ہم پیشانی کے بال پکڑ کر گھسیٹیں گے۔ ۱۶. پیشانی جھوٹی خطا کار۔ ۱۷. پس وہ اپنے مجلس والوں کو بلا لے۔ ۱۸. ہم بھی موکلین دوزخ کو بلا لیں گے۔ ۱۹. ہر گز ایسا نہیں چاہیئے آپ اس کا کہا نہ مانیے اور سجدہ کیجیئے اور قرب حاصل کیجیئے۔

اَرَءَيْتَ الَّذِىْ يَنْهٰى:

الذی ینھی سے مراد ابو جہل ہے۔ جیسا کہ ایک صحیح حدیث میں ہے کہ ابو جہل نے کہا تھا کہ اگر میں نے محمد ﷺ کو کعبہ کے پاس نماز پڑھتے دیکھا تو میں اس کی گردن کو روند ڈالوں گا (العیاذ باللہ) حضور ﷺ نے فرمایا کہ اگر ابو جہل ایسا کر لیتا تو فرشتے اسے

پکڑ لیتے (بخاری) ۔ ایک موقع پر ابو جہل نے جب حضور ﷺ سے سخت گفتگو کی تو حضور نے بھی اس کو ڈانٹا۔ ابو جہل کہنے لگا۔ آپ مجھے ڈانٹتے ہیں جبکہ میں بڑے جتھے والا ہوں۔ اللہ تعالیٰ نے اگلی آیتوں میں تنبیہ فرمائی فَلیَدعُ نَادِیَہٗ، ابو جہل اپنے جتھے اور کنبے کو بلالے۔ سَندعُ الزَّبَانِیَۃَ، اور ہم زبانیہ یعنی ان فرشتوں کو بلالیں گے جن کی ڈیوٹی ہی عذاب و سزا دینے کی ہے۔ پھر معلوم ہو جائے گا کہ کس کا جتھا قوی اور بھاری ہے۔

ابو جہل غزوہ بدر میں نہایت ہی ذلت کی موت مرا۔ حضرت عبدالرحمن ابن عوف فرماتے ہیں کہ بدر کے دن میں صف میں کھڑا تھا کہ اچانک نظر جو پڑی تو دیکھا کہ میرے دائیں بائیں انصار کے دو نوجوان کھڑے ہیں۔ مجھ کو اندیشہ ہوا (کہ نو عمر لڑکوں کے درمیان کمزور سمجھ کر دشمن مجھ کو گھیر نہ لے) میں اسی خیال میں تھا کہ ایک نے مجھے آہستہ سے کہا چچا مجھے ابو جہل دکھاؤ کون سا ہے؟ میں نے کہا میرے بھتیجے ابو جہل کو دیکھ کر کیا کرو گے؟ اس نوجوان نے کہا میں نے اللہ تعالیٰ سے یہ عہد کیا ہے کہ اگر ابو جہل کو دیکھو تو اس کو قتل کر دوں یا خود مارا جاؤں اس لیے کہ مجھ کو خبر ملی ہے کہ ابو جہل رسول اللہ کو سب و شتم کرتا رہتا ہے۔ قسم ہے اس ذات کی جس کے قبضہ قدرت میں میری جان ہے۔ اگر اس کو دیکھ پاؤں تو میرا سایہ اس کے سایہ سے جدا نہ ہو گا۔ یہاں تک کہ ہم میں سے جس کی موت پہلے مقدر ہو چکی ہو نہ مر جائے۔ ان کی یہ گفتگو سن کر

دل سے وہ خیال جاتا رہا کہ کاش میں نو عمر لڑکوں کی بجائے دو مردوں کے درمیان ہوتا۔ خیر جب ابو جہل مجھ کو نظر آیا اور میں نے اشارہ سے ان کو سمجھا دیا تو دو نوں شکرے اور باز کی طرح ابو جہل پر دوڑ پڑے اور اس کا کام تمام کیا۔ فللہ الحمد۔

***

۹۷۔ سورۃ القدر

شان نزول : اس سورت کے شان نزول میں حافظ ابن کثیر نے متعدد واقعات نقل فرمائے ہیں، لیکن مآل سب کا ایک ہے، لہذا ہم یہاں صرف ایک واقعہ پر اکتفا کرتے ہیں۔ حضور اکرم ﷺ نے بنی اسرائیل کے ایک شخص کا ذکر صحابہ کرام کے سامنے فرمایا کہ وہ ہزار ماہ برابر رات کو قیام کرتا اور دن بھر دشمنوں سے جہاد کرتا صحابہ کرام کو اس پر بڑا رشک آیا۔ اس پر اللہ تعالیٰ نے سورۃ قدر نازل فرما کر مسلمانوں کو تسلی دی کہ لو تمہیں ایک رات ایسی دی گئی جس کی عبادت ہزار مہینوں سے افضل ہے۔ یعنی ایک رات کی عبادت ہزار مہینوں سے زیادہ افضل ہے۔ جو ۸۰ سال سے زیادہ کا عرصہ بنتا ہے اور اگر یہ راتیں کسی کو زندگی میں ۵۰، ۶۰، ۷۰ یعنی زیادہ سے زیادہ نصیب ہو جائیں اور ان سے مستفید ہونے کی توفیق بھی مل جائے تو کیا خوب بات ہو گی اور سال بھر کی دیگر عبادتیں تو ان کے علاوہ ہیں کیا ٹھکانہ ہے اس رحیم و کریم رب کی

مہربانیوں کا۔ اللہ تعالیٰ ہمیں سمجھنے والا اور نصیحت پکڑنے والا قلب نصیب فرمائے آمین۔

لیلۃ القدر کو مجہول اس وجہ سے رکھا گیا ہے کہ رمضان المبارک کے آخری عشرہ اور پھر ہر رات سے لوگ مستفید ہو سکیں۔ اگر ایک ہی رات متعین ہو جاتی تو لوگ باقی راتوں کو چھوڑ بیٹھتے اور اب لیلۃ القدر کی تلاش میں تمام طاق راتوں میں جاگتے ہیں اور ان کو عبادات سے زندہ رکھتے ہیں اور یہی شرعاً مطلوب ہے۔ واللہ اعلم۔

اس سورت میں نبی کریم ﷺ کو تسلی دی گئی ہے کہ اگر یہ لوگ مسلسل اپنے کفر و عناد پر قائم رہتے ہیں تو آپ غمگین نہ ہوں، بلکہ جو وحی آپ کی طرف بھیجی جاتی ہے، وہ رفع ملال کا سبب ہوگی۔ حضرت انسؓ سے روایت ہے کہ جب سورۃ لم یکن الذین نازل ہو گئی تو حضور ﷺ نے ابی بن کعب سے فرمایا کہ مجھے اللہ تعالیٰ نے حکم دیا ہے کہ یہ سورۃ تجھ کو سناؤں۔ حضرت ابی نے پوچھا حضور کیا اللہ تعالیٰ نے میرا نام لیا ہے؟ حضور ﷺ نے فرمایا ہاں۔ تو حضرت ابی رو پڑے۔ پھر حضور نے یہ سورت حضرت ابی بن کعب کو سنائی۔ اس حدیث سے ایک بات تو یہ معلوم ہو گئی کہ بڑوں کو چھوٹوں کے سامنے پڑھنا چاہیے اور وہ اسے خلاف شان نہ سمجھیں۔ مزید برآں حضرت ابی بن کعب کا مقام بھی معلوم ہو گیا کہ اللہ کی نظر میں وہ تعلیم و تعلم اور حفاظت وحی کے اہل تھے۔

بسم اللہ الرحمن الرحیم

إِنَّا أَنزَلْنَاه فِي لَيْلَةِ الْقَدْرِ ﴿١﴾ وَمَا أَدْرَاكَ مَا لَيْلَةُ الْقَدْرِ ﴿٢﴾ لَيْلَةُ الْقَدْرِ خَيْرٌ مِّنْ أَلْفِ شَهرٍ ﴿٣﴾ تَنَزَّلُ الْمَلاَئِكَةُ وَالرُّوحُ فِيهَا بِإِذْنِ رَبِّهِم مِّن كُلِّ أَمْرٍ ﴿٤﴾ سَلاَمٌ هِيَ حَتَّى مَطْلَعِ الْفَجْرِ ﴿٥﴾

ترجمہ:

شروع اللہ کے نام سے جو بڑا مہربان نہایت رحم والا ہے۔

۱. بے شک ہم نے اس (قرآن) کو شب قدر میں اتارا ہے۔ ۲. اور آپ کو کیا معلوم کہ شب قدر کیا ہے۔ ۳. شب قدر ہزار مہینوں سے بہتر ہے۔ ۴. اس میں فرشتے اور روح نازل ہوتے ہیں اپنے رب کے حکم سے ہر کام پر۔ ۵. وہ صبح روشن ہونے تک سلامتی کی رات ہے۔

***

٩٨ـ سورة البينة

بسم الله الرحمن الرحيم

لَمْ يَكُنِ الَّذِينَ كَفَرُوا مِنْ أَهلِ الْكِتَابِ وَالْمُشْرِكِينَ مُنفَكِّينَ حَتَّى
تَأْتِيَهُمُ الْبَيِّنَة ﴿١﴾ رَسُولٌ مِّنَ اللَّه يَتْلُو صُحُفًا مُّطَهرَة ﴿٢﴾ فِيها كُتُبٌ
قَيِّمَة ﴿٣﴾ وَمَا تَفَرَّقَ الَّذِينَ أُوتُوا الْكِتَابَ إِلاَّ مِن بَعْدِ مَا جَاءتْهُمُ
الْبَيِّنَة ﴿٤﴾ وَمَا أُمِرُوا إِلاَّ لِيَعْبُدُوا اللَّه مُخْلِصِينَ لَه الدِّينَ حُنَفَاء
وَيُقِيمُوا الصَّلاَة وَيُؤْتُوا الزَّكَاة وَذَلِكَ دِينُ الْقَيِّمَة ﴿٥﴾ إِنَّ الَّذِينَ كَفَرُوا
مِنْ أَهلِ الْكِتَابِ وَالْمُشْرِكِينَ فِي نَارِ جَهنَّمَ خَالِدِينَ فِيها أُوْلَئِكَ همْ شَرُّ
الْبَرِيَّة ﴿٦﴾ إِنَّ الَّذِينَ آمَنُوا وَعَمِلُوا الصَّالِحَاتِ أُوْلَئِكَ همْ خَيْرُ الْبَرِيَّة
﴿٧﴾ جَزَاؤُهمْ عِندَ رَبِّهمْ جَنَّاتُ عَدْنٍ تَجْرِي مِن تَحْتِها الْأَنْهارُ خَالِدِينَ
فِيها أَبَدًا رَّضِيَ اللَّه عَنْهمْ وَرَضُوا عَنْه ذَلِكَ لِمَنْ خَشِيَ رَبَّه ﴿٨﴾

ترجمہ:

شروع اللہ کے نام سے جو بڑا مہربان نہایت رحم والا ہے۔

۱۔ اہلِ کتاب میں سے کافر اور مشرک لوگ باز آنے والے نہیں تھے یہاں تک کہ ان کے پاس کھلی دلیل آئے۔ ۲۔ یعنی ایک رسول اللہ کی طرف سے آئے جو پاک صحیفے پڑھ کر سنائے۔ ۳۔ جن میں درست مضامین لکھے ہوں۔ ۴۔ اور اہلِ کتاب نے جو اختلاف کیا تو واضح دلیل آنے کے بعد۔ ۵۔ اور انہیں صرف یہی حکم دیا گیا تھا کہ اللہ کی عبادت کریں ایک رخ ہو کر خالص اسی کی اطاعت کی نیت سے اور نماز قائم کریں اور زکوٰۃ دیں اور یہی محکم دین ہے۔ ۶۔ بے شک جو لوگ اہلِ کتاب میں سے منکر ہوئے اور مشرکین وہ دوزخ کی آگ میں ہوں گے اس میں ہمیشہ رہیں گے یہی لوگ بدترین مخلوقات ہیں۔ ۷۔ بے شک جو لوگ ایمان لائے اور نیک کام کیے یہی لوگ بہترین مخلوقات ہیں۔ ۸۔ ان کا بدلہ ان کے رب کے ہاں ہمیشہ رہنے کے بہشت ہیں ان کے نیچے نہریں بہتی ہوں گی وہ ان میں ہمیشہ ہمیشہ رہیں گے اللہ ان سے راضی ہوا اور وہ اس سے راضی ہوئے یہ اس کے لئے ہے جو اپنے رب سے ڈرتا ہے۔

حَتّٰى تَاْتِيَهُمُ الْبَيِّنَةُ:

یعنی اس عظیم الشان رسول کی آمد تک تو یہ لوگ مسلسل کفر پر قائم رہے، خواہ اہل کتاب ہوں یا مشرکین۔ اس عظیم الشان رسول کی بعثت اور نزول قرآن کے بعد کاتب ازل نے جن کی قسمت میں ہدایت لکھ دی ہے، وہ ہدایت یافتہ ہو جائیں گے اور جن کی قسمت میں کفر پر ہی مرنا مقدر ہو چکا ہے، وہ برابر کفر پر قائم رہیں گے اور سورۃ کے آخر میں دونوں فریقوں کے حق میں جو نتیجہ قیامت کے دن نکلے گا وہ بھی بتلا دیا ہے تاکہ سند رہے۔ واللہ اعلم۔

***

۹۹۔ سورۃ الزلزلۃ

بسم اللہ الرحمن الرحیم

إِذَا زُلْزِلَتِ الْأَرْضُ زِلْزَالَهَا ﴿۱﴾ وَأَخْرَجَتِ الْأَرْضُ أَثْقَالَهَا ﴿۲﴾ وَقَالَ
الْإِنسَانُ مَا لَهَا ﴿۳﴾ يَوْمَئِذٍ تُحَدِّثُ أَخْبَارَهَا ﴿۴﴾ بِأَنَّ رَبَّكَ أَوْحَى
لَهَا ﴿۵﴾ يَوْمَئِذٍ يَصْدُرُ النَّاسُ أَشْتَاتًا لِّيُرَوْا أَعْمَالَهُمْ ﴿۶﴾ فَمَن يَعْمَلْ
مِثْقَالَ ذَرَّةٍ خَيْرًا يَرَه ﴿۷﴾ وَمَن يَعْمَلْ مِثْقَالَ ذَرَّةٍ شَرًّا يَرَه ﴿۸﴾

ترجمہ:

شروع اللہ کے نام سے جو بڑا مہربان نہایت رحم والا ہے۔

۱. جب زمین بڑے زور سے ہلا دی جائے گی۔ ۲. اور زمین اپنے بوجھ نکال پھینکے گی۔
۳. اور انسان کہے گا کہ اس کو کیا ہو گیا۔ ۴. اس دن وہ اپنی خبریں بیان کرے گی۔ ۵.

اس لئے کہ آپ کا رب اس کو حکم دے گا۔ ٦. اس دن لوگ مختلف حالتوں میں لوٹیں گے تاکہ انہیں ان کے اعمال دکھائے جائیں۔ ۷. پھر جس نے ذرہ بھر نیکی کی ہے وہ اس کو دیکھ لے گا۔ ۸. اور جس نے ذرہ بھر برائی کی ہے وہ اس کو دیکھ لے گا۔

إِذَا زُلْزِلَتِ الْأَرْضُ زِلْزَالَهَا

اس سے مراد قیامت کے دن کا زلزلہ ہے۔

وَأَخْرَجَتِ الْأَرْضُ أَثْقَالَهَا

جو کچھ زمین میں ہے، زمین باہر اگل دے گی۔ جیسے مردے ہیں۔ سونا چاندی وغیرہ۔

یہ نفخہ ثانیہ کے بعد ہوگا۔

وَقَالَ الْإِنسَانُ مَا لَهَا

کافر تو بعث کو دیکھ کر ہی گھبرائیں گے کہ کیا ہوا اور دوسرے لوگ اس بات پر تعجب کریں گے کہ زمین کے تمام خزانے سطح زمین پر موجود ہیں، لیکن لینے والا کوئی نہیں۔ کسی میں اس کی طرف التفات کرنے اور دیکھنے کی بھی ہمت نہیں ہے کہ اسی دنیا کی خاطر دنیا میں بھائی بھائی کا گلا کاٹتا رہا۔ رشتے اور ناتے قربان کیے جاتے رہے، لیکن وہاں سوائے کف افسوس ملنے کے اور کیا ہوگا؟

فَمَن يَعْمَلْ مِثْقَالَ ذَرَّةٍ خَيْرًا يَرَه، فَمَن يَعْمَلْ مِثْقَالَ ذَرَّةٍ شَرًّا يَرَه:

انسان نے جو بھی عمل کیا ہوگا، چھوٹا بڑا خیر یا شر تمام اعمال سامنے آ جائیں گے، لہذا کوئی نیکی چھوٹی سمجھ کر ترک نہ کرنا اور کوئی گناہ ہلکا نہ سمجھنا حضور اکرم ﷺ نے حضرت عائشہ صدیقہ سے فرمایا چھوٹے چھوٹے گناہوں سے بچنا کہ اللہ کے ہاں ان کی بھی باز پرس ہوگی۔ واللہ اعلم۔

***

۱۰۰۔ سورۃ العادیات

سورت کی ابتدائی پانچ آیات میں اللہ تعالیٰ نے گھوڑوں کی قسم کھائی ہے اور جواب قسم یہ ہے کہ انسان اپنے رب کا ناشکرا ہے۔ دونوں باتوں میں مناسبت ظاہر ہے کہ گھوڑا ایک جانور ہے، لیکن مالک اس کو دانہ چارہ کھلاتا اور پانی پلاتا ہے۔ گرمی سردی سے اس کو بچاتا اور ہر وقت اس کی نگہبانی کرتا ہے تو اس جانور میں اتنی غیرت اور اتنا احساس ہے کہ جب انسان اس پر سوار ہو کر دشمن کا رخ کرتا ہے تو گھوڑا برابر اس کی چاہت کے مطابق آگے بڑھتا رہتا ہے خواہ گرمی ہو یا سردی۔ سینے پر گولی داغی جا رہی ہو یا تیر اور نیزے پیوست ہو رہے ہوں۔ یہ سب کچھ اس وجہ سے ہے کہ وہ اپنے مالک کا نمک حلال کرنا چاہتا ہے، لیکن افسوس ہے حضرت انسان پر کہ منعم حقیقی اور منعم علی الاطلاق کی لاتعداد نعمتوں میں شب و روز الٹتا پلٹتا ہے۔ پھر بھی اس کا شکر ادا نہیں کرتا۔ نہ اوامر کو بجالانے کا خوگر، نہ نواہی سے بچنے اور اجتناب کا اہتمام۔ انسان اگر گھوڑے کی وفاداری پر غور کرے تو شاید سبق حاصل کرلے۔

بسم اللہ الرحمن الرحیم

وَالْعَادِيَاتِ ضَبْحًا ﴿١﴾ فَالْمُورِيَاتِ قَدْحًا ﴿٢﴾ فَالْمُغِيرَاتِ صُبْحًا
﴿٣﴾ فَأَثَرْنَ بِهِ نَقْعًا ﴿٤﴾ فَوَسَطْنَ بِهِ جَمْعًا ﴿٥﴾ إِنَّ الْإِنسَانَ لِرَبِّهِ
لَكَنُودٌ ﴿٦﴾ وَإِنَّهُ عَلَى ذَلِكَ لَشَهِيدٌ ﴿٧﴾ وَإِنَّهُ لِحُبِّ الْخَيْرِ لَشَدِيدٌ
﴿٨﴾ أَفَلَا يَعْلَمُ إِذَا بُعْثِرَ مَا فِي الْقُبُورِ ﴿٩﴾ وَحُصِّلَ مَا فِي الصُّدُورِ
﴿١٠﴾ إِنَّ رَبَّهُم بِهِمْ يَوْمَئِذٍ لَّخَبِيرٌ ﴿١١﴾

ترجمہ:

شروع اللہ کے نام سے جو بڑا مہربان نہایت رحم والا ہے۔

۱. ان گھوڑوں کی قسم جو ہانپتے ہوئے دوڑتے ہیں۔ ۲. پھر (پتھر پر) ٹاپ مار کر آگ جھاڑتے ہیں۔ ۳. پھر صبح کے وقت دھاوا کرتے ہیں۔ ۴. پھر اس وقت غبار اُڑاتے ہیں۔ ۵. پھر اس وقت دشمنوں کی جماعت میں جا گھستے ہیں۔ ۶. بے شک انسان اپنے رب کا بڑا ناشکرا ہے۔ ۷. اور بے شک وہ اس بات پر خود شاہد ہے۔ ۸. اور بے شک وہ مال کی محبت میں بڑا سخت ہے۔ ۹. پس کیا وہ نہیں جانتا جب اکھاڑا جائے گا جو کچھ قبروں میں ہے۔ ۱۰. اور جو دلوں میں ہے وہ ظاہر کیا جائے گا۔ ۱۱. بے شک ان کا رب ان سے اس دن خوب خبر دار ہوگا۔

وَإِنَّهُ لِحُبِّ الْخَيْرِ لَشَدِيدٌ:

یہ علت ہے ماقبل کے لیے کہ مال کی محبت میں اندھا ہو کر سب کچھ بھول جاتا ہے۔

حدیث میں 'حب الدنیا راس کل خطیئۃ' دنیا کی محبت ہر برائی کی جڑ ہے۔

اعاذنا اللہ من شر الدنیا ومافیہا۔

***

۱۰۱. سورة القارعة

بسم اللہ الرحمن الرحیم

الْقَارِعَةُ ﴿١﴾ مَا الْقَارِعَةُ ﴿٢﴾ وَمَا أَدْرَاكَ مَا الْقَارِعَةُ ﴿٣﴾ يَوْمَ
يَكُونُ النَّاسُ كَالْفَرَاشِ الْمَبْثُوثِ ﴿٤﴾ وَتَكُونُ الْجِبَالُ كَالْعِهْنِ
الْمَنفُوشِ ﴿٥﴾ فَأَمَّا مَن ثَقُلَتْ مَوَازِينُه ﴿٦﴾ فَهوَ فِي عِيشَةٍ رَّاضِيَةٍ
﴿٧﴾ وَأَمَّا مَنْ خَفَّتْ مَوَازِينُه ﴿٨﴾ فَأُمُّه هَاوِيَةٌ ﴿٩﴾ وَمَا أَدْرَاكَ
مَا هِيَه ﴿١٠﴾ نَارٌ حَامِيَةٌ ﴿١١﴾

ترجمہ:

شروع اللہ کے نام سے جو بڑا مہربان نہایت رحم والا ہے۔

۱. کھڑکھڑانے والی۔ ۲. وہ کھڑکھڑانے والی کیا ہے۔ ۳. اور آپ کو کیا خبر کہ وہ کھڑکھڑانے والی کیا ہے۔ ۴. جس دن لوگ بکھرے ہوئے پروانوں کی طرح ہوں گے۔

۵. اور پہاڑ رنگی ہوئی دھنی ہوئی اُون کی طرح ہوں گے۔ ٦. تو جس کے اعمال (نیک) تول میں زیادہ ہوں گے۔ ۷. تو وہ خاطر خواہ عیش میں ہو گا۔ ۸. اور جس کے اعمال (نیک) تول میں کم ہوں گے۔ ۹. تو اس کا ٹھکانا ہاویہ ہو گا۔ ۱۰. اور آپ کو کیا معلوم کہ وہ کیا چیز ہے۔ ۱۱. وہ دہکتی ہوئی آگ ہے۔

اَلْقَارِعَة:

قارعة قیامت کے ناموں میں سے ایک نام ہے۔ آگے قیامت کے دن کی شدت اور ہولناکی کا بیان ہے کہ لوگ حساب کتاب اور اللہ کے سامنے کھڑے ہونے کے خوف سے بکھرے ہوئے پروانوں یا ٹڈیوں کی طرح میدان حشر کی طرف جا رہے ہوں گے۔

فَاَمَّا مَنۡ ثَقُلَتۡ مَوَازِیۡنُهٗ:

قیامت کے دن چار قسم کے لوگ ہوں گے۔

۱۔ وہ لوگ جن کے صرف نیک اعمال ہوں گے وہ بغیر حساب کتاب جنت میں داخل ہوں گے اور ہمیشہ اس میں رہیں گے۔

۲۔ جن کی حسنات و سیئات برابر ہوں گی۔ ان کا حساب آسان لیا جائے گا۔ امید ہے کہ وہ بھی جنت میں داخل کیے جائیں گے۔

۳۔ جن کی حسنات کم اور سیئات غالب ہوں گی، ان کا معاملہ اللہ تعالیٰ کی مشیت و رضا سے متعلق ہے۔ اگر اللہ تعالیٰ ان کے ساتھ عدل و انصاف کا برتاؤ فرما دے تو ابتدائی طور پر ان کو جہنم میں داخل کر دیں گے اور وہ گناہوں کی بقدر سزا بھگت کر جنت میں داخل ہوں گے۔ اگر اللہ تعالیٰ نے ان لوگوں سے فضل و رحمت کا معاملہ فرمایا تو ان کی لغزشوں کو معاف فرما کر ابتداہی سے جنت میں داخل فرما دیں گے۔ (لایسئل عما یفعل)۔

۴۔ اور جن کی سیئات ہی سیئات ہوں گی اور یہ کفار ہوں گے تو وہ ابتداہی سے جہنم میں داخل کیے جائیں گے۔ یہ ہمیشہ اس میں رہیں گے۔ اعاذنا اللہ منہا۔

***

۱۰۲۔ سورۃ التکاثر

مثل سابق سورت کے اس سورت میں بھی قیامت کا بیان ہے اور وہ موانع جو تیاری قیامت میں رکاوٹ ہیں، ان کی رفع کی ترغیب اور ان میں بتلا رہنے پر تنبیہ ہے۔ التَّکَاثُرُ باب تفاعل سے ہے جو مقابلے کے لیے استعمال ہوتا ہے۔ یعنی انسان کو مال اور کنبے کی بہتات کی حرص اور لالچ نے غفلت میں ڈال دیا ہے۔ ان ہی چیزوں کے بڑھانے اور بہتات کے لیے ایک دوسرے سے آگے نکلنے کی کوشش کر رہا ہے۔ شب و روز یہی محنت، یہی سوچ کہ مال کیسے زیادہ ہوگا مکان کیسے زیادہ ہوں گے۔ فلاں کے ہاں اگر ایک دکان ہے تو میری دو ہونی چاہئیں۔ وقس علی ھذا۔ جب زندگی کے لیل و نہار اسی طرح گزریں گے۔ بھلا اسے موت اور موت کے بعد آنے والے حالات کب یاد رہیں گے۔

بسم اللہ الرحمن الرحیم

أَلْهَاكُمُ التَّكَاثُرُ ﴿١﴾ حَتَّىٰ زُرْتُمُ الْمَقَابِرَ ﴿٢﴾ كَلَّا سَوْفَ تَعْلَمُونَ
﴿٣﴾ ثُمَّ كَلَّا سَوْفَ تَعْلَمُونَ ﴿٤﴾ كَلَّا لَوْ تَعْلَمُونَ عِلْمَ الْيَقِينِ ﴿٥﴾
لَتَرَوُنَّ الْجَحِيمَ ﴿٦﴾ ثُمَّ لَتَرَوُنَّهَا عَيْنَ الْيَقِينِ ﴿٧﴾ ثُمَّ لَتُسْأَلُنَّ يَوْمَئِذٍ
عَنِ النَّعِيمِ ﴿٨﴾

ترجمہ:

شروع اللہ کے نام سے جو بڑا مہربان نہایت رحم والا ہے۔

۱. تمہیں حرص نے غافل کر دیا۔ ۲. یہاں تک کہ قبریں جا دیکھیں۔ ۳. ایسا نہیں آئندہ تم جان لوگے۔ ۴. پھر ایسا نہیں چاہیئے آئندہ تم جان لوگے۔ ۵. ایسا نہیں چاہیئے کاش تم یقینی طور پر جانتے۔ ۶. البتہ تم ضرور دوزخ کو دیکھوگے۔ ۷. پھر تم اسے ضرور بالکل یقینی طور پر دیکھوگے۔ ۸. پھر اس دن تم سے نعمتوں کے متعلق پوچھا جائے گا۔

حَتّٰی زُرۡتُمُ الۡمَقَابِرَ:

حضرات مفسرین نے اس کی دو تفسیریں کی ہیں۔

۱۔ ایک یہ ہے کہ مال اور جتھے کی بہتات نے تمہیں غافل کیے رکھا۔ یہاں تک کہ تم نے قبروں کی زیارت کی یعنی موت نے آلیا اور سنبھلنے کا موقع ہی نہیں ملا۔ جو وقت اللہ تعالیٰ نے سنبھلنے اور تیاری کے لیے دیا تھا وہ تو غفلت میں گزر گیا۔ اب قبر میں اترنے کے بعد عمل کا موقع نہیں ہے۔

۲۔ دوسری تفسیر یہ ہے کہ بنو سہم اور بنو عبد مناف کسی بات میں الجھ گئے اور اپنی اپنی قوم پر فخر کرنے لگے تو بنو سہم نے کہا کہ آؤ اپنے اپنے کنبے کے لوگوں کی قبریں گنتے ہیں تاکہ معلوم ہو جائے ہماری تعداد کتنی زیادہ ہے اور کتنے بڑے بڑے نامور قبیلے سے جا چکے ہیں۔ جب قبریں گنیں تو بنو سہم کی تعداد زیادہ ہو گئی۔ اس صورت میں زُرۡتُمُ الۡمَقَابِرَ سے مراد یہ ہو گا کہ مال اور جتھے کی بہتات تمہارے دل و دماغ پر ایسی سوار ہے کہ تم نے تفاخر و مباہات کے طور پر جا کے قبریں بھی گنیں حالانکہ اس سے کیا فائدہ۔ اس سے یہ بات بھی معلوم ہو گئی کہ مردوں اور قبروں پہ پھول چڑھانا، پکی قبریں بنا کر ان پر سنگ مر مر ضائع کرنا اور دیگر قبیح رسمیں بھی اسی جاہلانہ فخر و مباہات کی کڑیاں ہیں۔ مسلمانوں پر ان سے پرہیز اور گریز لازم ہے۔

ثُمَّ لَتُسۡـَٔلُنَّ يَوۡمَئِذٍ عَنِ النَّعِيۡمِ

تفسیر ابن جریر میں بروایت حضرت ابو ہریرہ منقول ہے کہ ایک دفعہ حضرت ابو بکر صدیق اور حضرت عمرؓ (مسجد میں) بیٹھے ہوئے تھے کہ حضور صلی اللہ علیہ وآلہ وسلم تشریف لائے اور ان دونوں سے پوچھا کہ اس وقت یہاں کیسے بیٹھے ہو؟ انہوں نے کہ قسم ہے اس اللہ کی جس نے آپ کو حق دے کر بھیجا ہے۔ ہم بھوک کی وجہ سے اس وقت یہاں آئے ہوئے ہیں۔ آپ نے فرمایا قسم ہے اس ذات کی جس نے مجھے حق دے کر بھیجا ہے۔ میں بھی بھوک ہی کی وجہ سے آیا ہوں پھر یہ تینوں حضرات چل پڑے یہاں تک کہ ایک انصاری کے گھر پہنچ گئے۔ اس کی بیوی سے میاں کے متعلق پوچھا وہ کہنے لگی وہ تو میٹھا پانی لینے کے لیے گئے ہوئے ہیں اب آ جائیں گے۔ اتنے میں وہ صاحب بھی آ گئے۔ ان حضرات کو مرحبا کہا اور نہایت ہی خوشی کا اظہار کرتے ہوئے کہا کہ نبی جب کسی کے گھر ملنے کی غرض سے تشریف لے جائے تو زمین پر اس سے بہتر صورت زیارت کی نہیں ہو سکتی۔ پھر اس نے اپنا مشکیزہ درخت کے ساتھ لٹکایا اور جا کر کھجوروں کے ایسے خوشے توڑ لایا جن میں بالکل پکی ہوئی اور کچھ کچی پکی کھجوریں تھیں۔ ان حضرات نے تناول فرمائیں۔ پھر ٹھنڈا پانی خدمت میں پیش کر کے چھری ہاتھ میں پکڑ لی (کوئی جانور ذبح کرنے کی غرض سے) حضور صلی اللہ علیہ وآلہ وسلم نے ارشاد فرمایا "ایاک والحلوب" یعنی دودھ والی بکری وغیرہ ذبح نہ کرنا۔ خیر اس صحابی نے کسی جانور کو ذبح کر دیا۔ جب ان حضرات نے کھانا کھایا تو حضور صلی اللہ علیہ وآلہ وسلم نے ارشاد فرمایا کہ تم لوگ بھوک کی حالت

میں گھروں سے چلے تھے اور اللہ تعالیٰ کی یہ نعمتیں مل گئیں تو تم سے ان کے متعلق ضروری پوچھ ہوگی۔

ہم شب و روز اللہ تعالیٰ کی ہزار نعمتیں استعمال کرتے ہیں۔ اللہ تعالیٰ ہمیں اپنی نعمتوں پر شکر ادا کرنے کی توفیق عطا فرمائے۔

٭٭٭

۱۰۳۔ سورۃ العصر

حضرت عمرو بن عاصؓ اسلام لے آنے سے قبل مسیلمہ کذاب کے ہاں گئے۔ مسیلمہ نے پوچھا کہ آپ لوگوں کے ساتھی (حضرت محمد صلی اللہ علیہ وآلہ وسلم پر کوئی نیا کلام نازل ہوا ہے۔ حضرت عمرو نے کہا ہاں، ایک نہایت ہی بلیغانہ وادیبانہ شان رکھنے والی سورت نازل ہوئی ہے اور پھر سورۃ عصر مکمل سنائی۔ مسیلمہ کذاب نے تھوڑی دیر سوچنے کے بعد کہا کہ مجھ پر بھی اس طرح کا کلام نازل ہوا ہے پھر اس نے چند بے ربط و بے معنی جملے حضرت عمرو کو سنائے اور پوچھا کہ عمرو اس کلام کے متعلق تیرا کیا خیال ہے۔ حضرت عمرو نے (باوجود مسلمان نہ ہونے کے) کہا کہ اللہ کی قسم تو خوب سمجھتا ہے کہ میں تجھ کو جھوٹا ہی سمجھتا ہوں (کہاں قرآنی مضامین جو ظاہری و باطنی حکمتوں سے لبریز ہیں اور کہاں تیری تک بندی) (ابن کثیر)

صحابہ کرام کی جب آپس میں ملاقات ہوتی تھی تو ایک دوسرے سے جدا ہونے سے قبل ایک دوسرے کو سورۃ عصر سنا دیا کرتے تھے۔

بسم اللہ الرحمن الرحیم

وَالْعَصْرِ ﴿١﴾ إِنَّ الْإِنسَانَ لَفِي خُسْرٍ ﴿٢﴾ إِلاَّ الَّذِينَ آمَنُوا وَعَمِلُوا الصَّالِحَاتِ وَتَوَاصَوْا بِالْحَقِّ وَتَوَاصَوْا بِالصَّبْرِ ﴿٣﴾

ترجمہ:

شروع اللہ کے نام سے جو بڑا مہربان نہایت رحم والا ہے۔

۱. زمانہ کی قسم ہے۔ ۲. بے شک انسان گھاٹے میں ہے۔ ۳. مگر جو لوگ ایمان لائے اور نیک کام کیے اور حق پر قائم رہنے کی اور صبر کرنے کی آپس میں وصیت کرتے رہے۔

وَالْعَصْرِ:

عصر سے مراد یا تو مطلق زمانہ ہے اس کی قسم کھانے کی وجہ یہ ہے کہ زمانہ عجائبات قدرت پر مشتمل ہے۔ اس اس سے انسان بہت کچھ عبرت حاصل کر سکتا ہے، بشرطیکہ غور کرے یا مراد خاص عصر کا وقت ہے جو نہایت قیمتی ہے۔

لَفِی خُسرٍ:

ابوجہل، ولید بن مغیرہ اور ابولہب وغیرہ نے کہا تھا کہ محمد ﷺ نے خسارے والی تجارت اپنائی ہے تو اللہ تعالیٰ نے یہ سورت نازل فرما کر بتلا دیا کہ محمد ﷺ اور آپ کے پیرو کار فائدہ میں ہیں۔ ان کی تجارت بڑی نفع بخش ہے، البتہ تم لوگ دین اسلام سے محروم رہ کر خسارے میں پڑ گئے ہو۔

خسران۔ اس خسارے اور نقصان کو کہا جاتا ہے کہ جس میں اصل پونجی اور راس المال بھی ضائع ہو جائے۔ اس لیے بعض مفسرین سے منقول ہے کہ ہم نے خسران کا مفہوم ایک برف۔ فروش سے سیکھا۔ وہ لوگوں سے کہہ رہا تھا کہ لوگوں اس شخص کے حال پر رحم کرو۔ جس کا راس المال پگھل رہا ہے۔ مجھ پر رحم کر کے برف خرید و ورنہ میرا راس المال یعنی اصل پونجی سے خریدہ ہوئی برف پگھل رہی ہے۔ اگر برف نہ بکی تو میرا راس المال ضائع ہو جائے گا۔

وَعَمِلُوا الصَّالِحَاتِ :

اس آیت میں حقوق اللہ اور حقوق العباد سب کے سب شامل ہیں۔ واللہ اعلم

***

۱۰۴۔ سورۃ الھمزۃ

ماقبل سورت سے مناسبت یہ ہے کہ وہاں جس خسران کا اجمالی ذکر تھا یہاں اس کی تفصیل ہے۔

بسم الله الرحمن الرحيم

وَيْلٌ لِّكُلِّ همَزَة لُّمَزَة ﴿١﴾ الَّذِي جَمَعَ مَالًا وَعَدَّدَه ﴿٢﴾ يَحْسَبُ أَنَّ
مَالَه أَخْلَدَه ﴿٣﴾ كَلاَ لَيُنبَذَنَّ فِي الْحُطَمَة ﴿٤﴾ وَمَا أَدْرَاكَ مَا
الْحُطَمَة ﴿٥﴾ نَارُ الله الْمُوقَدَة ﴿٦﴾ الَّتِي تَطَّلِعُ عَلَى الْأَفْئِدَة ﴿٧﴾
إِنَّهَا عَلَيْهِم مُّؤْصَدَة ﴿٨﴾ فِي عَمَدٍ مُّمَدَّدَة ﴿٩﴾

ترجمہ:

شروع اللہ کے نام سے جو بڑا مہربان نہایت رحم والا ہے۔

۱. ہر غیبت کرنے والے طعنہ دینے والے کے لیے ہلاکت ہے۔ ۲. جو مال کو جمع کرتا ہے اور اسے گنتا رہتا ہے۔ ۳. وہ خیال کرتا ہے کہ اس کا مال اسے سدا رکھے گا۔ ۴. ہرگز نہیں وہ ضرور حطمہ میں پھینکا جائے گا۔ ۵. اور آپ کو کیا معلوم حطمہ کیا ہے۔ ۶. وہ اللہ کی بھڑکائی ہوئی آگ ہے۔ ۷. جو دلوں تک جا پہنچتی ہے۔ ۸. بے شک وہ ان پر چاروں طرف سے بند کردی جائے گی۔ ۹. لمبے لمبے ستونوں میں۔

هُمَزَة لُّمَزَة:

امیہ بن خلف اور ولید بن مغیرہ اور بعض دوسرے لوگ مال و سرداری کے نشہ میں مست ہو کر حضور صلی اللہ علیہ وآلہ وسلم کو طعنے دیتے اور آپ کی عیب جوئی کرتے تھے۔ اللہ تعالیٰ نے فرمایا خرابی و بربادی ہے ہر طعنہ دینے اور عیب جوئی کرنے والے کے لیے۔ ہمز اور لمز کے متعلق مختلف اقوال ہیں، لیکن سب قریب قریب ہیں۔

۱۔ ہمز بالقول اور لمز بالفعل ہوتا ہے۔

۲۔ ہمزوہ برائی ہے جو کسی کے سامنے کی جائے اور لمزوہ برائی ہے جو کسی کے پس پشت کی جائے۔

۳۔ امام مجاہد سے منقول ہے اگر کسی کی برائی ہاتھ اور آنکھ سے کی جائے تو یہ ہمز ہے اور اگر کسی کی برائی زبان سے کی جائے تو یہ لمز ہے۔

تَطَّلِعُ عَلَى الْأَفْئِدَةِ:

یعنی جہنم کی آگ اتنی سخت ہے کہ گوشت اور ہڈیوں سے گزر کر دلوں تک جا پہنچے گی۔ حدیث میں ہے کہ جو آگ تم لوگ استعمال کرتے ہو، اس کی حرارت جہنم کی آگ سے ستر گنا کم ہے۔ ایک روایت میں ہے کہ یہ دنیا کی آگ دو دفعہ دریا کے پانی سے دھوئی جا چکی ہے تب قابل استعمال بنی ہے ورنہ تم اس سے کبھی نفع نہ اٹھا سکتے (ابن کثیر)

***

۱۰۵۔ سورۃ الفیل

اصحاب فیل کے مقابلہ میں اللہ تعالیٰ نے مکہ والوں کی نصرت و مدد فرمائی تھی اور اصحاب فیل کو خائب و خاسر کر کے ہلاک کر دیا تھا۔ یہ اہل مکہ کی کوئی ذاتی شرافت و قومی برکت نہیں ہے، بلکہ بیت اللہ کی برکت سے اللہ تعالیٰ نے ان کی نصرت و مدد فرمائی۔ نیز یہ بھی بتلایا گیا کہ جیسے اللہ تعالیٰ نے بیت اللہ کو دشمنوں کے شر سے محفوظ فرمایا ہے۔ اسی طرح بیت اللہ کے سب سے بزرگ اور عظیم الشان متولی یعنی حضرت محمد صلی اللہ علیہ وآلہٖ وسلم کی بھی حفاظت فرمائیں گے۔

حبشہ کے بادشاہ کی طرف سے یمن پر مقرر کردہ حاکم ابرہہ نے بادشاہ کو لکھا کہ میں یمن میں ایک عظیم الشان اور بے مثال گرجا گھر تعمیر کروانا چاہتا ہوں تاکہ لوگ جو مسجد حرام میں حج کے لیے جاتے ہیں، وہ وہاں جانا چھوڑ کر یہاں آنا شروع کر دیں۔ چنانچہ اس نے ایک عجیب و غریب عمارت بنوا دی جس کی بلندی کی طرف دیکھنے سے سر سے ٹوپی گر جاتی تھی۔ بلند و بالا عمارتیں تعمیر کرنا ہمیشہ سے کفر کا شیوہ رہا ہے۔ جب لوگوں کو ابرہہ کی اس نیت فاسد کا پتا چلا تو دوسرے لوگوں کو عموماً اور قریش کو خصوصاً بڑا غصہ آیا جس کے نتیجہ میں بعض نے اس عمارت میں گندگی ڈال دی اور بعض نے

اس کے قریب آگ روشن کی۔ اس سے اس عمارت کو آگ لگ گئی اور بڑا نقصان پہنچا۔ ابرہہ نے قسم کھائی کہ اب میں ایک لشکر جرار لے کر خانہ کعبہ کی طرف جاؤں گا اور جب اس کی اینٹ سے اینٹ نہ بجا دوں چین سے نہ بیٹھوں گا۔ چنانچہ وہ ساز و سامان سے لیس ایک خوفناک لشکر لے کر روانہ ہوا۔ راستہ میں عربوں کے چھوٹے چھوٹے قبائل مقابلہ کے لیے نکل آئے۔ لیکن اس لشکر جرار کے حملوں کی تاب نہ لاتے ہوئے بعض مقتول اور بعض مغلوب ہو جاتے۔ اسی طرح ایک قبیلہ سے انہوں نے نفیل بن حبیب کو گرفتار کر لیا۔ پہلے تو اس کے قتل کا ارادہ تھا، لیکن پھر اس کو اس وجہ سے چھوڑ دیا کہ تو حجاز کی طرف ہماری رہبری کرے گا۔ یہاں تو ابرہہ کی لشکر کی رہبری کی، لیکن آگے چل کر اس نے محمود نامی ہاتھی کی بھی خوب رہبری کی جیسا کہ آگے آ رہا ہے۔ ابرہہ کے لشکر نے مکہ کے قریب بہت سے لوگوں کے اونٹ جو صحرا میں چر رہے تھے قبضے میں لے لیے جن میں ۲۰۰ دو صد اونٹ خواجہ عبدالمطلب کے تھے۔ ابرہہ نے جب کعبہ کے قریب پڑاؤ ڈالا تو لوگوں سے کہا کہ مکہ کے سر کردہ ارکان اور خانہ کعبہ کے متولیان کو پیغام دیا جائے کہ میں ان سے کچھ گفتگو کرنا چاہتا ہوں۔ خواجہ عبدالمطلب جب مجلس میں آ گئے تو ان کے حسن و جمال اور رتبی کمال کا اس قدر دبدبہ تھا کہ ابرہہ ان کے احترام میں کھڑا ہو گیا۔ جب ترجمان کے ذریعہ خواجہ عبدالمطلب سے پوچھا گیا کہ آپ کس مقصد سے آئے ہیں؟ تو انہوں نے کہا کہ

تمہارے لشکر نے میرے دو صد اونٹ اپنے قبضہ میں لے لیے ہیں۔ میں ان کا مطالبہ کرنے آیا ہوں۔ ابرہہ نے کہا مجھے تو بڑا تعجب ہوا کہ ہم خانہ کعبہ کو منہدم کرنے کے لیے آئے ہیں جو تمہارے آباء واجداد کی نشانی ہے اور تمہیں اونٹوں کی پڑی ہوئی ہے۔ عبدالمطلب نے کہا کہ اونٹوں کا میں مالک ہوں اور بیت اللہ کا مالک موجود ہے۔ اگر وہ چاہے گا تو بیت اللہ کی حفاظت کرے گا۔ عبدالمطلب اپنے اونٹ لے کر واپس آ گئے اور مکہ والوں سے کہا کہ ان لوگوں پر عذاب نازل ہو گا، لہذا تم لوگ مکہ خالی کر کے اپنے بچوں اور جانوروں سمیت پہاڑوں پر چڑھ جاؤ۔ عبدالمطلب نے قریش کی ایک جماعت کے ساتھ خانہ کعبہ کے دروازہ کی زنجیر پکڑ کر دعا مانگی۔ جس میں دو شعر بھی پڑھے تھے جو درج ذیل ہیں۔

لاھم ان المرا یمنع رحلہ فامنع رحالک

لا یغلبن صلیبہم ومحالہم ابدا محالک

اے اللہ آدمی اپنی جگہ کی حفاظت کرتا ہے تو بھی اپنے گھر کی حفاظت فرما۔ ان کا صلیب اور ان کی تدبیر تیری تدبیر پر ہرگز غالب نہیں آ سکتی۔ یہ رات گزر گئی اور ابرہہ کے لشکر نے مکہ کے باہر ہی پڑاؤ کیا ہوا تھا۔ جب صبح ہوئی اور ان لوگوں نے مکہ میں داخل ہونے کا ارادہ کیا۔ ویسے تو وہ بہت سارے ہاتھ ساتھ لے کر آئے تھے،

لیکن محمود نامی ہاتھی بہت ہی قوی اور عظیم الجثہ تھا۔ ابرہہ اور اس کے کارندوں کا یہ خیال تھا کہ ہاتھیوں کے گلوں میں رسیاں ڈال دیں گے اور ادھر بیت اللہ کی دیواروں میں بھی سوراخ کر کے رسیاں ڈال دیں گے۔ جب ہاتھی رسیوں کو کھینچیں گے تو یک لخت بیت اللہ گر جائے گا (العیاذ باللہ) محمود نامی ہاتھی کو کعبہ کی طرف متوجہ کیا تو نفیل بن جبیب، جس کو رہبری کے لیے عبد العصا بنا کر ہمراہ لائے تھے، نے محمود نامی ہاتھی کے کان میں کہہ دیا کہ بیٹھ جا اور جہاں سے آیا ہے عزت کے ساتھ وہی لوٹ جا چنانچہ وہ بیٹھ گیا۔ جب یہ لوگ اس کا رخ کسی اور طرف کرتے تو اٹھ کر چل پڑتا اور جب اس کا رخ کعبہ کی طرف کرتے تو بیٹھ جاتا۔ نفیل بن جبیب بھی پہاڑی پر چڑھ کر یہ منظر دیکھ رہا تھا۔ اتنے میں سمندر کی طرف سے دو چھوٹے چھوٹے پرندے غول در غول آنے لگے۔ ہر پرندے کے پاس تین کنکریاں ہوتی تھیں۔ ایک چونچ اور دو دو پنجوں میں۔ وہ کنکر بندوق کی گولی سے زیادہ سخت اور جوہری ہتھیار سے زیادہ مسموم ثابت ہوئے۔ بہت سے لوگ موقع پر ہی ہلاک ہو گئے اور جو بھاگ گئے وہ بھی راستہ میں یا آگے چل کر موت کے گھاٹ اتر گئے۔ سورۃ فیل میں اس واقعہ کا بیان ہے۔ واللہ اعلم۔

بسم اللہ الرحمن الرحیم

أَلَمْ تَرَ كَيْفَ فَعَلَ رَبُّكَ بِأَصْحَابِ الْفِيلِ ﴿١﴾ أَلَمْ يَجْعَلْ كَيْدَهُمْ فِي تَضْلِيلٍ ﴿٢﴾ وَأَرْسَلَ عَلَيْهِمْ طَيْرًا أَبَابِيلَ ﴿٣﴾ تَرْمِيهِم بِحِجَارَةٍ مِّن سِجِّيلٍ ﴿٤﴾ فَجَعَلَهُمْ كَعَصْفٍ مَّأْكُولٍ ﴿٥﴾

ترجمہ:

شروع اللہ کے نام سے جو بڑا مہربان نہایت رحم والا ہے۔

۱۔ کیا آپ نے نہیں دیکھا کہ آپ کے رب نے ہاتھی والوں سے کیا برتاؤ کیا۔ ۲۔ کیا اس نے ان کی تدبیر کو بے کار نہیں بنا دیا تھا۔ ۳۔ اور اس نے ان پر غول کے غول پرندے بھیجے۔ ۴۔ جہاں پر پتھر کنکر کی قسم کے پھینکتے تھے۔ ۵۔ پھر انہیں کھائے ہوئے بھس کی طرح کر ڈالا۔

***

۱۰۶۔ سورۃ قریش

اس سورت کا معنوی طور پر تو پہلی سورت کے ساتھ تعلق ہے ہی کیونکہ جب اللہ تعالیٰ نے اصحاب فیل کے مقابلہ میں قریش کی نصرت و مدد فرمائی پھر قریش کو کعبہ کی برکت سے یہ امن نصیب فرمایا کہ یہ سردی اور گرمی میں یمن اور شام کی طرف سفر کر کے ضروریات زندگی لاتے۔ پھر امن و سکون کے ساتھ کھاتے پیتے اور پہنتے۔ جبکہ مکہ سے باہر لوٹ کھسوٹ غصب اور ڈاکہ زنی کا بازار گرم رہتا، لہذا اللہ تعالیٰ کی اس نعمت عظمیٰ کا شکریہ یہ ہے کہ صرف اسی کی عبادت کی جائے اور اسی کو پکارا جائے اور کسی کی پرستش نہ کی جائے۔ لفظی تعلق ما قبل کے ساتھ یہ ہے کہ حضرت ابی بن کعب کے صحیفہ میں ان دونوں سورتوں کے درمیان بسم اللہ نہیں ہے، بلکہ دونوں ایک ہی سورت ہیں۔

بسم الله الرحمن الرحيم

لِإِيلَافِ قُرَيْشٍ ﴿١﴾ إِيلَافِهِمْ رِحْلَةَ الشِّتَاءِ وَالصَّيْفِ ﴿٢﴾ فَلْيَعْبُدُوا
رَبَّ هَٰذَا الْبَيْتِ ﴿٣﴾ الَّذِي أَطْعَمَهُم مِّن جُوعٍ وَآمَنَهُم مِّنْ خَوْفٍ
﴿٤﴾

ترجمہ:

شروع اللہ کے نام سے جو بڑا مہربان نہایت رحم والا ہے۔

۱. اس لیے کہ قریش کو مانوس کر دیا۔ ۲. ان کو جاڑے اور گرمی کے سفر سے مانوس کرنے کے باعث۔ ۳. ان کو اس گھر کے مالک کی عبادت کرنی چاہیئے۔ ۴. جس نے ان کو بھوک میں کھلایا اور ان کو خوف سے امن دیا۔

لِإِيلٰفِ:

اس جار و مجرور کے متعلق مختلف اقوال ہیں جن کا خلاصہ دو باتوں میں منحصر ہے۔

۱۔ یا تو اس جار و مجرور کا تعلق محذوف عبارت کے ساتھ ہے جو ناشی سورت سابق سے ہے ای حسب عن مکۃ فیل و اھلکنا اھلہ لایلاف قریش الخ۔ یعنی مکہ سے ہاتھی والوں کو روکنا اور پھر ان کو ہلاک کرنا یہ قریش کی محبت کی وجہ سے کیا۔

۲۔ یا اس جار و مجرور کا تعلق، فلیعبدوا، صیغہ فعل امر کے ساتھ ہے جو بعد میں واقع ہے اور یہ چونکہ متضمن ہے معنی شرط کو لہذا اس وجہ سے فا بھی ساتھ آئی ہے۔ اس سورت میں قریش کی بڑی فضیلت ہے۔ ایک دفعہ حضور نے قریش کی خصوصیتیں ذکر فرمائیں۔ منجملہ ان میں سے یہ بھی فرمایا کہ ان کے نام کی سورت اللہ تعالیٰ نے قرآن کریم نازل فرمائی ہے۔ قریش کی اکثریت تجارت پیشہ تھی۔ یہ لوگ سال بھر میں دو دفعہ سفر کرتے تھے۔ ایک سفر گرمی کے موسم میں اور ایک سفر سردی کے موسم اور پھر آرام سے بیٹھ کر سال بھر کھاتے تھے۔ آج بھی دنیا کے گوشے گوشے سے لوگ حج کے لیے آتے ہیں اور مکہ والے سال بھر کی کسر ان دونوں میں نکال دیتے ہیں تو اللہ تعالیٰ نے اپنی یہ نعمت عظمیٰ یاد دلا کر اپنی عبادت اور شرک سے اجتناب کی ترکیب دی ہے۔ اس زمانے کے اہل مکہ تو چنداں متوجہ نہ ہوئے۔ لیکن یہ اللہ کا فضل و کرم ہے کہ آج وہاں اہل توحید کی حکومت ہے اور شائبہ شرک بھی برداشت نہیں کرتے، فللہ الحمد۔

***

۱۰۷۔ سورۃ الماعون

اس سورت میں عاص بن وائل اور عبداللہ بن ابی جیسے لوگوں کے اعمال فاسدہ کا بیان ہے کہ اول تو قیامت کے دن کو جھٹلاتے ہیں، حساب کتاب اور جزا سزا کا اعتقاد ہی نہیں رکھتے۔ پھر جن لوگوں کے دلوں میں ذرا بھی شفقت اور مہربانی ہوتی ہے وہ یتیموں سے اچھا سلوک کرتے ہیں، لیکن یہ خود مسکینوں اور یتیموں کو ظلم کا تختہ مشق بنانے والے یتیموں سے کیا سلوک کریں گے۔ آگے فرمایا جو نمازیں غفلت کے ساتھ پڑھتے ہیں ان کے لیے ہلاکت ہو جو یہ دھیان نہیں کرتے کہ ہم کس کے سامنے کھڑے ہیں اور یہ عیادت کس شان سے ہونی چاہیے۔ صرف نماز ہی کیا، یہ لوگ تو جملہ اعمال ریا کاری اور دکھلاوے کے لیے کرتے ہیں۔ بھلا ایسے اعمال میں کیا برکت ہوگی ایسے اعمال کر کے زندگی سدھرنے کی امید رکھنا حماقت کے سوا کچھ نہیں۔ حدیث میں ہے حضور صلی اللہ علیہ وآلہ وسلم نے فرمایا کہ جہنم میں ایک وادی ہے جس سے جہنم دن بھر میں ۴۰۰ چار سو مرتبہ پناہ مانگتی ہے۔ وہ ریا کاروں کے لیے ہے (اعاذنا اللہ منہا) اور وہ مساکین سے کیا سلوک کریں گے اور نمازیں کیا اخلاص سے پڑھیں گے۔ وہ تو چھوٹی چھوٹی چیزیں مثل ماچس، کلہاڑی اور پلیٹ وغیرہ لوگوں سے بوقت ضرورت منع کرتے ہیں۔

حالانکہ ایسی چیزوں کی غمی خوشی کے موقع پر روزانہ ضرورت پڑتی ہے اور لوگ ایک دوسرے کو دیتے ہیں۔ کوئی منع نہیں کرتا۔ سوائے ایسے بخیل لوگوں کے جو جنت سے دور اور جہنم سے قریب ہیں۔ واللہ اعلم۔

بسم اللہ الرحمن الرحیم

أَرَأَيْتَ الَّذِي يُكَذِّبُ بِالدِّينِ ﴿١﴾ فَذَلِكَ الَّذِي يَدُعُّ الْيَتِيمَ ﴿٢﴾ وَلاَ يَحُضُّ عَلَى طَعَامِ الْمِسْكِينِ ﴿٣﴾ فَوَيْلٌ لِّلْمُصَلِّينَ ﴿٤﴾ الَّذِينَ هُمْ عَن صَلاَتِهِمْ سَاهُونَ ﴿٥﴾ الَّذِينَ هُمْ يُرَاؤُونَ ﴿٦﴾ وَيَمْنَعُونَ الْمَاعُونَ ﴿٧﴾

ترجمہ:

شروع اللہ کے نام سے جو بڑا مہربان نہایت رحم والا ہے۔

۱. کیا آپ نے اس کو دیکھا جو روزِ جزا کو جھٹلاتا ہے۔ ۲. پس وہ وہی ہے جو یتیم کو دھکے دیتا ہے۔ ۳. اور مسکین کو کھانا کھلانے کی ترغیب نہیں دیتا۔ ۴. پس ان نمازیوں کے

لیے ہلاکت ہے۔ ۵. جو اپنی نماز سے غافل ہیں۔ ٦. جو دکھلاوا کرتے ہیں۔ ۷. اور برتنے کی چیز تک روکتے ہیں۔

***

۱۰۸۔ سورۃ الکوثر

جب حضور اکرمﷺ کے صاحبزادے بچپن میں انتقال کر گئے تو ابو جہل، ابولہب، کعب بن اشرف اور کفار کی ایک جماعت نے کہ محمدﷺ کے بچے چونکہ فوت ہو چکے ہیں، لہذا اب کوئی فکر کی بات نہیں ہے۔ ان کی تحریک ان کی زندگی تک رہے گی اور ان کی وفات کے بعد ان کا کوئی نام لیوا نہ ہو گا (العیاذ باللہ)۔ اللہ تعالیٰ نے ہی سورت نازل فرما کر اپنے محبوبﷺ کو تسلی دی کہ ہم نے آپ کو "کوثر" سے نوازا۔ کوثر سے ہر خیر بھی مراد لی جا سکتی ہے اور خصوصاً حوض کوثر بھی جس کا ذکر صحیح احادیث میں آیا ہے۔ احادیث سے دو حوض کوثر ثابت ہوتے ہیں۔ ایک جنت میں اور ایک میدان حشر میں۔ ممکن ہے کہ اصل تو جنت والا ہو اور میدان حشر والا میدان حشر ہی کی تھکاوٹ دور کرنے کے لیے ہو، لہذا اس نعمت کا تقاضا یہ ہے کہ آپ کی نماز اور قربانی دونوں خالصتاً اللہ کے لیے ہونی چاہئیں۔ مشرکین مکہ کی طرح غیر اللہ کے لیے نہ ہوں۔

بسم اللہ الرحمن الرحیم

إِنَّا أَعْطَيْنَاكَ الْكَوْثَرَ ﴿١﴾ فَصَلِّ لِرَبِّكَ وَانْحَرْ ﴿٢﴾ إِنَّ شَانِئَكَ هُوَ الْأَبْتَرُ ﴿٣﴾

ترجمہ:

شروع اللہ کے نام سے جو بڑا مہربان نہایت رحم والا ہے۔

۱. بے شک ہم نے آپ کو کوثر دی۔ ۲. پس اپنے رب کے لیے نماز پڑھیئے اور قربانی کیجیئے۔ ۳. بے شک آپ کا دشمن ہی بے نام و نشان ہے۔

وَانحَر:

دوسری توجیہات بھی ہیں لیکن نص کے موافق اور لغت عربی کے قریب تر وہی ہے جو ہم نے ذکر کیا ہے کہ مشرکین مکہ کی عبادتیں مثل نماز اور قربانی وغیرہ غیر اللہ اور بتوں کے نام ہوا کرتی تھیں تو اللہ تعالیٰ نے اپنے نبی سے فرمایا کہ آپ کی عبادتیں جیسے خالص لوجہ اللہ ہیں، آپ کو اس روش پر قائم رہنا چاہیے۔

اِنَّ شَانِئَکَ ہُوَ الاَبتَرُ:

الابتر اصل لغت میں دم بریدہ کو کہتے ہیں، جس کی دم کٹ جائے اور عربوں کے عرف عام میں یہ لفظ اس شخص کے لیے استعمال ہوتا تھا جس کی اولاد نہ ہوتی تھی یا فوت ہو جاتی تھی۔

اللہ تعالیٰ نے چونکہ اپنے لاڈلے نبی کو، ورفعنا لک ذکرک، کی خوشخبری سنائی تھی، الحمد للہ اس وعدے کے مطابق اللہ تعالیٰ کے بعد روئے زمین پر جتنا نام محمد ﷺ کا لیا گیا ہے اور لیا جاتا ہے نہ کسی اور کا لیا گیا ہے اور نہ لیا جائے گا۔ بنظر انصاف دیکھنے والے خود ہی اس بات کا فیصلہ کر سکیں گے۔ اس پر کسی دلیل اور حجت قائم کرنے کی ضرورت نہیں ہے۔ زمین، شجر حجر، سمندروں کی تہہ میں اور فضاؤں میں گونجنے والا کلمہ اور اذانیں یہ سب ہی شہادت کو کافی ہیں۔ ابتر کہنے والے احمقوں کو کیا معلوم کہ جب آپ کا نام نامی کلمہ کا جزو، اذان کا جزو اور نماز کا جزو ہے تو پھر کب ممکن ہوگا کہ آپ کا نام لینے والا کوئی نہ ہوگا۔ واللہ اعلم۔

***

۱۰۹۔ سورۃ الکافرون

ابن جریر طبری وغیرہ نے نقل کیا ہے کہ مشرکین مکہ کا ایک وفد نبی کریم ﷺ کے پاس گیا اور کہا کہ آئیے اس بات پر صلح کر لیتے ہیں کہ کچھ عرصہ کے لیے ہم آپ سے مل کر اللہ تعالیٰ کی عبادت کریں گے اور کچھ عرصہ کے لیے آپ ہمارے ساتھ مل کر ان بتوں کی پرستش کریں آپ نے ارشاد فرمایا میں اللہ کی پناہ میں آتا ہوں اس بات سے کہ میں اس کے ساتھ کسی کو شریک کروں۔ اس پر اللہ تعالیٰ نے یہ سورت نازل فرمائی کہ میرے محبوب ان کو دو ٹوک الفاظ میں سمجھا دیجیے تاکہ کسی کے دل میں ایسی صلح، جو سراسر فساد اور بغاوت پر مبنی ہو، کی طمع اور امید پیدا ہی نہ ہو۔ اس سورت میں اللہ تعالیٰ نے خوب وضاحت سے سمجھا دیا کہ نبی اور اتباع نبی نہ بالفعل شرک کے مرتکب ہو سکتے ہیں اور نہ بالقوۃ۔ کیونکہ نبی کو تو بھیجا ہی شرک کے مٹانے کے لیے تھا۔ اگر نبی ہی شرک کا ارتکاب کرے تو معلوم یہ ہوگا کہ اللہ تعالیٰ کا انتخاب غلط تھا (العیاذ باللہ) لہذا ایسی صلح جو پر از فساد ہو اور ایسی شراکت جو مبنی بر کفر و شرارت ہو، نہ

نبی کو اس کی دوت دو اور نہ نبی سے ایسی امید رکھو، بلکہ لَکُم دِینُکُم وَلِیَ دِینِ والے ضابطے پر عمل ہو گا۔ چونکہ اللہ تعالیٰ کے علم میں یہ بات تھی کہ یہ لوگ ایمان نہ لائیں گے لہذا ان کی شقاوت ظاہر کرنے کے لیے یہ آیات نازل ہوئیں۔ واللہ اعلم۔

بسم اللہ الرحمن الرحیم

قُلْ يَا أَيُّهَا الْكَافِرُونَ ﴿١﴾ لَا أَعْبُدُ مَا تَعْبُدُونَ ﴿٢﴾ وَلَا أَنتُمْ عَابِدُونَ مَا أَعْبُدُ ﴿٣﴾ وَلَا أَنَا عَابِدٌ مَّا عَبَدتُّمْ ﴿٤﴾ وَلَا أَنتُمْ عَابِدُونَ مَا أَعْبُدُ ﴿٥﴾ لَكُمْ دِينُكُمْ وَلِيَ دِينِ ﴿٦﴾

ترجمہ:

شروع اللہ کے نام سے جو بڑا مہربان نہایت رحم والا ہے۔

۱. کہہ دو اے کافرو۔ ۲. نہ تو میں تمہارے معبودوں کی عبادت کرتا ہوں۔ ۳. اور نہ تم ہی میرے معبود کی عبادت کرتے ہو۔ ۴. اور نہ میں تمہارے معبودوں کی عبادت

کروں گا۔ ۵. اور نہ تم میرے معبود کی عبادت کرو گے۔ ٦. تمہارے لیے تمہارا دین ہے اور میرے لیے میرا دین۔

***

۱۱۰۔ سورۃ النصر

حافظ ابن کثیر نے بروایت بخاری اور ابن ابی حاتم نقل کیا ہے کہ عرب قبائل یہ فیصلہ کر چکے تھے کہ محمد صلی اللہ علیہ وآلہ وسلم کا اس کی قوم کے ساتھ معاملہ دیکھو۔ اگر یہ اپنی قوم پر غالب آ گئے اور مکہ مکرمہ فتح ہو گیا تو یہی نبی ہیں۔ پھر ان کے ہاتھ پہ مسلمان ہو جانا چاہیے۔ چنانچہ جب ۸ ہجری میں مکہ مکرمہ فتح ہوا تو پھر قبائل عرب فوج در فوج اور جوق در جوق اسلام میں داخل ہونے لگے۔

بسم الله الرحمن الرحيم

إِذَا جَاءَ نَصْرُ اللَّهِ وَالْفَتْحُ ﴿١﴾ وَرَأَيْتَ النَّاسَ يَدْخُلُونَ فِي دِينِ اللَّهِ أَفْوَاجًا ﴿٢﴾ فَسَبِّحْ بِحَمْدِ رَبِّكَ وَاسْتَغْفِرْهُ إِنَّهُ كَانَ تَوَّابًا ﴿٣﴾

ترجمہ:

شروع اللہ کے نام سے جو بڑا مہربان نہایت رحم والا ہے۔

۱. جب اللہ کی مدد اور فتح آ چکی۔ ۲. اور آپ نے لوگوں کو اللہ کے دین میں جوق در جوق داخل ہوتے دیکھ لیا۔ ۳. تو اپنے رب کی حمد کے ساتھ تسبیح کیجیئے اور اس سے معافی مانگیئے بے شک وہ بڑا توبہ قبول کرنے والا ہے۔

فَسَبِّحْ بِحَمْدِ رَبِّكَ وَاسْتَغْفِرْهُ:

حضرت فاروق اعظم حضرت ابن عباس کو بدری اور بزرگ صحابہ کے درمیان بٹھاتے تھے۔ بعض لوگوں نے دبی آواز میں کہا ہوگا کہ یہ (ابن عباس) تو ہمارے بچوں کا ہم عمر ہے اور اس کے ہم عمر ہمارے بھی لڑکے ہیں۔ گویا باوجود کم عمری کے بڑوں میں بیٹھنا اور رائے دینا ناپسند کیا۔ فاروق اعظم نے یہ احوال بھانپ لیے۔ ایک جب بڑے بڑے حضرات تشریف فرما تھے، آپ نے حضرت ابن عباس کو بھی پاس بیٹھنے کی دعوت دی۔ حضرت فاروق اعظمؓ نے لوگوں سے پوچھا کہ فَسَبِّحْ بِحَمْدِ رَبِّكَ وَاسْتَغْفِرْهُ کا کیا مطلب ہے؟ بعض لوگ تو خاموش رہے اور بعض نے کہا کہ بس حضور کے ساتھ ساتھ ہمیں بھی تسبیح اور استغفار کا حکم ہے۔ پھر ابن عباس کی

طرف متوجہ ہوئے اور پوچھا کہ تیرا کیا خیال ہے؟ حضرت ابن عباس نے کہا فیہ اجل رسول اللہ۔ اس میں اللہ کے رسول کی رحلت اور وفات کی طرف اشارہ ہے۔ جس مقصد کے لیے آپ کو اللہ تعالیٰ نے مبعوث فرمایا تھا، وہ مقصد پورا ہو گیا، لہذا اب کثرت تسبیح و استغفار کے ساتھ آخر کے سفر کے لیے تیاری کیجیے۔ حضرت فاروق اعظم نے فرمایا، میں بھی اس کا یہی مطلب جانتا ہوں جو تو نے بتلا دیا۔ حدیث میں ہے کہ اس سورت کے نازل ہونے کے بعد حضور صلی اللہ علیہ وآلہ وسلم نے تسبیح اور استغفار کا خوب اہتمام فرمایا، اور ہم سب کے لیے اس میں درس عبرت ہے کہ انسان اگر کسی طرح محسوس کرے کہ آخری وقت ہے تو اس کو عام اوقات سے زیادہ نیک اعمال میں لگ جانا چاہیے۔ خصوصاً تسبیح اور استغفار میں۔ واللہ اعلم۔

***

۱۱۱۔ سورۃ المسد

شان نزول : ابولہب حضور ﷺ کا چچا ہے۔ اس کا نام عبد العزیٰ اور کنیت ابو عتبہ اور لقب ابولہب ہے۔ لہب عربی میں آگ کے شعلے کو کہتے ہیں ابولہب کا چہرہ نہایت ہی روشن اور سرخ تھا۔ اس وجہ سے ابولہب کے لقب سے مشہور ہو گیا۔ حضور ﷺ کے چچا ہونے کے باوجود حضور ﷺ سے اس کو اور اس کی بیوی ام جمیل جس کا نام اروی تھا کو بڑی گہری دشمنی تھی۔ مسند احمد میں ربیعہ بن عبار سے روایت ہے کہ میں نے ذوالمجاز بازار میں حضور ﷺ کو دیکھا کہ آپ لوگوں سے فرما رہے ہیں، یا ایہا الناس قولوا لا الہ الا اللہ تفلحوا، یعنی لا الہ اللہ پڑھو، کامیاب ہو جاؤ گے۔ لوگ حضور کے پاس جمع ہوتے تھے، لیکن پیچھے پیچھے ایک نہایت روشن چہرے والا شخص لوگوں سے کہتا تھا کہ یہ (محمد) شخص بے دین جھوٹا ہے (العیاذ باللہ)، حضور جہاں تشریف لے جاتے تھے وہ پیچھے ہوتا تھا جب میں لوگوں سے پوچھا کہ یہ کون ہے تو لوگوں نے بتایا کہ یہ اس کا چچا ہے۔ اسی طرح ایک بار آپ نے بطحا کے قریب پہاڑ پر

چڑھ کر "واصباحاہ" کی آواز لگائی تو تمام قریش آپ کے پاس جمع ہو گئے۔ آپ نے ان سے فرمایا کہ اگر میں تم لوگوں کو کہوں کہ صبح یا شام کو دشمن تم پر حملہ آور ہونے والا ہے تو کیا تم تصدیق کرو گے یا تکذیب؟ سب نے کہا تصدیق کریں گے۔ آپ نے فرمایا "فانی نذیر لکم بین یدی عذاب شدید" پھر میں تم لوگوں کے پاس ایک سخت عذاب کے متعلق ڈرسنانے کے لیے آیا ہوں۔ ابولہب نے کہا تھا، الھذا جمعتنا؟ تبالک، یعنی کیا آپ نے ہمیں اسی بات کے لیے اکٹھا کیا تھا آپ کا برا ہو (العیاذ باللہ)۔ اس صورت حال میں اللہ تعالیٰ نے سورۃ ابولہب نازل فرمادی۔ ابولہب اوراس کی بیوی کو جو ابمل گیا اور آئندہ کے لیے بھی ان کی عاقبت بتلائی گئی کہ جیسے دنیا میں ابولہب کی بیوی ابولہب کے گستاخانہ کردار کے لیے معین ومددگا ثابت ہوئی، اسی طرح آخرت میں بھی جہنم کی آگ بھڑکانے میں معین ومددگار ثابت ہوگی۔ دنیا میں جب ام جمیل کی موت واقع ہوئی تو گلے میں رسی کا پھندا پڑ گیا تھا اور آخرت میں بھی یہی صورت حال ہو گی۔ ابولہب کو تو ایسی بددعا لگی کہ اس کے جسم پر ایک خطرناک پھوڑا نکل آیا۔ گھر والوں نے باہر ایک طرف ڈال دیا۔ بدبو کی وجہ سے کوئی قریب نہ جا سکتا تھا۔ یہاں تک کہ جب وہ مرا تو چند حبشیوں نے اجرت پر اس کے لیے گڑھا کھودا اور اس میں ڈال کر اوپر سے مٹی ڈال دی تھی۔

حضور جب دین اسلام کی دعوت دیتے تھے تو یہ الفاظ کہتے تھے۔ قولوا لا الہ الا اللہ تفلحوا، اس کو بہت سے مولوی اور خطیب حضرات تفلحو، پڑھتے ہیں جو کہ غلط ہے، کیونکہ یہ جواب امر ہے جس سے نون جمع کا ساقط ہونا قانوناً ناگزیر ہے۔ واللہ اعلم۔

بسم اللہ الرحمن الرحیم

تَبَّتْ يَدَا أَبِي لَهَبٍ وَتَبَّ ﴿١﴾ مَا أَغْنَى عَنْهُ مَالُهُ وَمَا كَسَبَ ﴿٢﴾
سَيَصْلَى نَارًا ذَاتَ لَهَبٍ ﴿٣﴾ وَامْرَأَتُهُ حَمَّالَةَ الْحَطَبِ ﴿٤﴾ فِي
جِيدِهَا حَبْلٌ مِّن مَّسَدٍ ﴿٥﴾

ترجمہ:

شروع اللہ کے نام سے جو بڑا مہربان نہایت رحم والا ہے۔

۱. ابو لہب کے دونوں ہاتھ ٹوٹ گئے اور وہ ہلاک ہو گیا۔ ۲. اس کا مال اور جو کچھ اس نے کمایا اس کے کام نہ آیا۔ ۳. وہ بھڑکتی ہوئی آگ میں پڑے گا۔ ۴. اور اس کی عورت بھی جو ایندھن اٹھائے پھرتی تھی۔ ۵. اس کی گردن میں مونج کی رسّی ہے۔

***

۱۱۲۔ سورۃ الاخلاص

ابن کثیر نے بروایت حضرت ابی بن کعب نقل کیا ہے کہ حضور ﷺ کے پاس چند مشرکین آ گئے کہ آپ اپنے رب کا نسب بیان کریں۔ اس پر اللہ تعالیٰ نے یہ سورت نازل فرمادی کہ نہ اس کی اولاد ہے، نہ وہ کسی سے پیدا شدہ ہے، نہ اس جیسا کائنات میں کوئی اور موجود ہے۔

فضیلت : سورۃ اخلاص کے متعلق حضور کا ارشاد مبارک ہے کہ یہ ایک تہائی قرآن کے برابر ہے۔ حضور اکرم ﷺ فجر کی سنتوں کی پہلی رکعت میں قل یا ایہا الکفرون۔ اور دوسری رکعت میں قل ہو اللہ احد پڑھتے تھے۔ اسی طرح مغرب کی دو سنتوں میں اکثر ان ہی دونوں سورتوں کو پڑھتے تھے۔ حضور نے فرمایا جو شخص ۱۱ بار سورۃ اخلاص پڑھے گا اللہ تعالیٰ اس کے لیے ایک محل جنت میں تیار فرمادیں گے۔ حضرت عمر نے کہا حضور پھر تو ہم اپنے لیے جنت میں بہت سارے محل بنوالیں گے۔ حضور ﷺ نے فرمایا عمر اللہ کے خزانے بڑے وسیع ہیں۔

اس سورت میں چونکہ توحید کا مضمون ایک بلیغانہ انداز میں بیان ہوا ہے لہذا جو شخص اس کو کثرت سے پڑھے گا اور اس کے پڑھنے پر مداومت کرے گا تو وہ رفتہ رفتہ شرک کی آلودگیوں سے پاک ہو جائے گا اور راسخ العقیدہ مسلمان بن جائے گا۔ واللہ اعلم۔

بسم اللہ الرحمن الرحیم

قُلْ هوَ اللَّه أَحَدٌ ﴿١﴾ اللَّه الصَّمَدُ ﴿٢﴾ لَمْ يَلِدْ وَلَمْ يُولَدْ ﴿٣﴾ وَلَمْ يَكُن لَّه كُفُوًا أَحَدٌ ﴿٤﴾

ترجمہ:

شروع اللہ کے نام سے جو بڑا مہربان نہایت رحم والا ہے۔

۱. کہہ دو وہ اللہ ایک ہے۔ ۲. اللہ بے نیاز ہے۔ ۳. نہ اس کی کوئی اولاد ہے اور نہ وہ کسی کی اولاد ہے۔ ۴. اور اس کے برابر کا کوئی نہیں ہے۔

***

۱۱۳۔ سورۃ الفلق

سورۃ فلق میں تعوذ ایک ہے اور مقابلہ میں چار شر ہیں۔

ا۔ فلق، پھوٹنے کے معنی میں ہے۔ رات کا اندھیرا جب ختم ہونے کو ہوتا ہے اور پھر صبح کی روشنی نمودار ہوتی ہے اس کو فلق کہتے ہیں۔ حضرت ابن عباس سے منقول ہے کہ فلق بمعنی خلق ہے۔ یعنی پناہ چاہتا ہوں مخلوق کے رب کی۔ حضرت کعب الاحبار سے منقول ہے کہ فلق جہنم میں ایک گھر ہے۔ جب اس کا دروازہ کھلتا ہے تو شدت حرارت کی وجہ سے تمام اہل جہنم چیخ پڑتے ہیں۔ بعض دیگر لوگوں سے منقول ہے کہ فلق جہنم کی تہہ میں ایک کنواں ہے۔ ایک قول یہ ہے کہ فلق جہنم کے ناموں میں سے ایک نام ہے لیکن سہل اور محقق بات یہ ہے کہ فلق صبح کی روشنی کے معنی میں ہے۔

بسم اللہ الرحمن الرحیم

قُلْ أَعُوذُ بِرَبِّ الْفَلَقِ ﴿١﴾ مِن شَرِّ مَا خَلَقَ ﴿٢﴾ وَمِن شَرِّ غَاسِقٍ إِذَا وَقَبَ ﴿٣﴾ وَمِن شَرِّ النَّفَّاثَاتِ فِي الْعُقَدِ ﴿٤﴾ وَمِن شَرِّ حَاسِدٍ إِذَا حَسَدَ ﴿٥﴾

ترجمہ:

شروع اللہ کے نام سے جو بڑا مہربان نہایت رحم والا ہے۔

۱. کہہ دو صبح کے پیدا کرنے والے کی پناہ مانگتا ہوں۔ ۲. اس کی مخلوقات کے شر سے۔ ۳. اور اندھیری رات کے شر سے جب وہ چھا جائے۔ ۴. اور گرہوں میں پھونکنے والیوں کے شر سے۔ ۵. اور حسد کرنے والے کے شر سے جب وہ حسد کرے۔

مِن شَرِّ مَا خَلَقَ:
تمام مخلوق کی شر سے
وَمِن شَرِّ غَاسِقٍ إِذَا وَقَبَ:

اور اندھیرے کی شر سے جب وہ سمٹ آئے۔ امام مجاہد سے منقول ہے کہ اس سے مرد غروب آفتاب ہے۔ مسند احمد کی ایک روایت میں ہے کہ حضرت عائشہ فرماتی ہیں کہ حضور نے میرا ہاتھ پکڑ کر مجھ کو چاند دکھلایا۔ جب وہ طلوع ہو رہا تھا اور پھر فرمایا کہ یہ جب غروب ہونے لگے تو اس کی شر سے پناہ مانگے۔ بہر حال مآل سب کا ایک ہے کیونکہ ساحرانہ اعمال اکثر راتوں کو ہوتے ہیں۔

وَمِن شَرِّ النَّفَّاثَاتِ فِي الْعُقَدِ :

اور گرہوں میں پھونکنے والیوں کی شر سے، مراد جادو کرنے والی عورتیں ہیں۔ امام مجاہد اور حضرت عکرمہ سے یہی منقول ہے۔

وَمِن شَرِّ حَاسِدٍ إِذَا حَسَدَ:

حاسد لوگ اپنے لیے کچھ نہیں مانگتے۔ بلکہ ہمیشہ اس بات سے جلتے اور سڑتے ہیں کہ فلاں کے پاس یہ نعمت کیوں ہے۔ اس کے پاس سے یہ نعمتیں سلب ہو جائیں اور یہ محروم و لاچار ہو کر بیٹھ جائے۔ اگر اپنے لیے کوئی مانگے کہ اے اللہ! آپ نے جیسے اپنے فلاں بندے کو نوازا ہے مجھے بھی ایسی نعمتیں عطا فرما تو یہ غبطہ ہے جو کہ اسلام میں جائز ہے۔

***

۱۱۴۔ سورۃ الناس

سورۃ ناس میں پناہ ایک ہے جس کی شر سے پناہ مانگی گئی ہے۔ وہ بھی ایک ہے اور جس رب کے ذریعہ پناہ مانگی گئی ہے اس کی صفات ثلاثہ مذکور ہیں۔

شان نزول : حضرت عائشہ صدیق اور دیگر صحابہ سے منقول ہے کہ حضور کی خدمت میں ایک یہودی لڑکا وقتاً فوقتاً آیا کرتا تھا۔ بعض یہود نے اور لبید بن اعصم نے جو کہ یہود کا حلیف تھا، اس کو بہلا پھسلا کر اس کے ذریعے حضور کی ریش مبارک یا سر مبارک کے بال حاصل کر لیے جو اکثر کنگھا کرتے وقت کنگھی میں رہ جاتے تھے۔ انہوں نے بالوں کے ذریعے آپ پر جادو کر دیا۔ گیارہ گرہیں دے دیں اور سوئیاں بھی چبھو دیں اور اس کو کھجور کے کھوکھلے تنے میں رکھ کر اوپر سے ڈھانپ کر ذروان نامی کنویں میں رکھ کر اوپر ایک وزنی پتھر رکھ دیا۔ حضور صلی اللہ علیہ وآلہ وسلم پر اس کا اتنا سا اثر ہوا کہ ایک تو آپ کے سر

مبارک کے بال کچھ گرنے لگے اور کچھ نسیان کا غلبہ ہوا کہ ایک کام آپ نے کیا نہیں ہوتا تھا، لیکن خیال فرماتے تھے کہ میں کیا یا اس کے بر عکس۔ چھ مہینے یہ کیفیت طاری رہی۔ اس کے بعد آپ نے خواب میں دیکھا کہ دو آدمی (فرشتے) آئے۔ ایک آپ کے سر اور دوسرا پاؤں کی جانب بیٹھ گیا۔ ایک نے دوسرے سے پوچھا ان کو (محمد) کیا ہوا؟ دوسرے نے جواب دیا کہ ان پر جادو ہوا ہے۔ پوچھا کس نے کیا ہے؟ کہنے لگا بنی زریق کے ایک شخص لبید بن اعصم نے۔ پوچھا کہاں ہے۔ دوسرے نے کہا کہ ذروان کنویں میں ہے۔ چنانچہ حضور جب خواب سے بیدار ہوئے تو حضرت عائشہؓ سے فرمانے لگے میری بیماری کی اطلاع مجھ کو میرے رب نے کر دی۔ پھر حضور نے حضرت علی، حضرت زبیر اور حضرت عمار بن یاسر کو بھیجا کہ وہاں سے بال اٹھا کر لے آئیں۔ اس صورت حال میں اللہ تعالیٰ نے یہ دونوں سورتیں نازل فرما دیں۔ حضرت ایک آیت پڑھتے تھے تو ایک گرہ کھل جاتی تھی۔ ان دونوں سورتوں کی گیارہ آیتیں آپ نے پڑھیں۔ اس بال کی گیارہ گرہیں تھیں جو سب کی سب کھل گئیں۔ آپ نے ارشاد فرمایا کانما انشط من عقال، یعنی گویا میں رسیوں میں جکڑا ہوا تھا اور وہ اب کھل گئیں اور میرا جسم بالکل ہلکا ہو گیا۔ (تفسیر ابن کثیر)۔

بعض صحابہ نے حضور سے اجازت مانگی کہ حضور ہم اس خبیث کا سر قلم کرنا چاہتے ہیں۔ سبحان اللہ حضور نے ارشاد فرمایا مجھ کو میرے رب نے شفا دے دی ہے اور

اب میں اپنی ذات کے لیے کسی سے انتقام لینا پسند نہیں کرتا۔ حکومت مسلمانوں کی تھی اور یہودی ذمی تھے۔

معوذتین میں شفاء ہے:

حضرت عبداللہ بن مسعودؓ کا ابتدا میں یہ خیال تھا کہ شاید یہ دونوں سورتیں قرآن کا حصہ نہیں ہیں، بلکہ رد سحر وغیرہ کے لیے دعا ہیں۔ جیسے احادیث میں بہت ساری دعائیں آپ ﷺ سے منقول ہیں، لیکن خود حضور سے ان دونوں سورتوں کی تلاوت، نمازوں میں اور نمازوں کے علاوہ بھی ثابت ہے اور جمہور صحابہ کے ہاں یہ قرآن کی سورتیں ہیں اور تمام مصاحف میں مکتوب و منقول ہیں۔ اسی وجہ سے حضرت ابن مسعود کا رجوع الی مذہب جمہور الصحابۃ ثابت ہے۔ فلا یرد شی۔ حضرت عائشہ صدیقہ فرماتی ہیں کہ حضور ﷺ ہر بیماری میں ان دونوں سورتوں کو پڑھ کر اپنے اوپر دم کیا کرتے تھے۔ آخر میں جب آپ کی بیماری نے شدت اختیار کی تو میں یہ دونوں سورتیں پڑھ کر آپ ہی کا دست مبارک آپ کے جسم پر پھیر لیتی تھی اور آپ ہی کا ہاتھ آپ کے جسم پر پھیرنا برکت کی غرض سے تھا۔ واللہ اعلم وعلمہ اتم۔ فللہ الحمد اولا واخرا والصلوہ علی اھلھا بدایۃ ونہایۃ

بسم اللہ الرحمن الرحیم

قُلْ أَعُوذُ بِرَبِّ النَّاسِ ﴿١﴾ مَلِكِ النَّاسِ ﴿٢﴾ إِلَٰهِ النَّاسِ ﴿٣﴾ مِن شَرِّ الْوَسْوَاسِ الْخَنَّاسِ ﴿٤﴾ الَّذِي يُوَسْوِسُ فِي صُدُورِ النَّاسِ ﴿٥﴾ مِنَ الْجِنَّةِ وَ النَّاسِ ﴿٦﴾

ترجمہ:

شروع اللہ کے نام سے جو بڑا مہربان نہایت رحم والا ہے۔

۱. کہہ دو میں لوگوں کے رب کی پناہ میں آیا۔ ۲. لوگوں کے بادشاہ کی۔ ۳. لوگوں کے معبود کی۔ ۴. اس شیطان کے شر سے جو وسوسہ ڈال کر چھپ جاتا ہے۔ ۵. جو لوگوں کے سینوں میں وسوسہ ڈالتا ہے۔ ٦. جنوں اور انسانوں میں سے۔

بِرَبِّ النَّاسِ :

بِرَبِّ النَّاسِ میں ناس سے مراد نابالغ اور تربیت کے محتاج لوگ ہیں۔

مَلِکِ النَّاسِ:

مَلِکِ النَّاسِ میں ناس سے سرکش اور نافرمان لوگوں کی طرف اشارہ ہے۔ جن کو بادشاہ کنٹرول کرتا ہے۔

اِلٰہِ النَّاسِ:

بوڑھے اور بزرگ لوگوں کی طرف اشارہ ہے۔

الْخَنَّاسِ:

پیچھے کو ہٹنے والا۔ جب انسان غافل ہوتا ہے تو شیطان اس کے دل میں وسوسے ڈالتا ہے اور انسان کو برابر بہکاتا اور پھسلاتا ہے اور جب وہ اللہ کو یاد کرتا ہے تو شیطان فوراً پیچھے کو ہٹ جاتا ہے۔ ایک صحیح حدیث میں ہے کہ حضور ﷺ نے صحابہ کرام سے فرمایا کہ اللہ تعالیٰ نے ہر انسان کے ساتھ ایک شیطان لگایا ہوا ہے جو اس کو گمراہ کرتا ہے۔ صحابہ نے کہا حضور آپ کے ساتھ بھی ہے۔ آپ نے فرمایا ہاں لیکن اللہ تعالیٰ نے میری مدد فرمائی وہ مسلمان ہو گیا۔ اب بجز خیر کے مجھے اور کچھ نہیں کہتا۔

***